Suhrkamp BasisBibliothek 63

CW01432520

Diese Ausgabe der »Suhrkamp BasisBibliothek – Arbeitstexte für Schule und Studium« bietet den Text der Oper *Aufstieg und Fall der Stadt Mahagonny* von Kurt Weill und Bertolt Brecht in der Fassung des Erstdrucks von 1929. Ergänzt wird diese Edition von einem umfangreichen Anhang mit Selbstaussagen Brechts sowie einem Kommentar, der alle für das Verständnis der Oper erforderlichen Informationen enthält: eine Zeittafel, die Entstehungs-, Text- und Rezeptionsgeschichte, einen Forschungsüberblick, Literaturhinweise sowie detaillierte Wort- und Sacherläuterungen.

Joachim Lucchesi studierte Musikwissenschaft an der Humboldt-Universität Berlin, dort Promotion. Ab 1976 an der Akademie der Künste Berlin, von 2000 bis 2003 am Institut für Literaturwissenschaft der Universität Karlsruhe, ab 2011 an der Hochschule für Musik »Hanns Eisler« Berlin. Gast- und Vertretungsprofessuren in den USA, Japan und Deutschland. Mitglied des Präsidiums der Kurt-Weill-Gesellschaft Dessau sowie ihres Wissenschaftlichen Beirats. Zahlreiche Aufsatz- und Buchveröffentlichungen zur Musik-, Theater- und Literaturgeschichte, vor allem des 20. Jahrhunderts, darunter Standardwerke der internationalen Brecht-Forschung.

In dieser Reihe gab er 2004 heraus: *Bertolt Brecht. Die Dreigroschenoper. Der Erstdruck 1928* (SBB 48).

Aufstieg und Fall der Stadt Mahagonny

Oper in drei Akten
Musik von Kurt Weill
Text von Bertolt Brecht
Textausgabe

Mit einem Kommentar
von Joachim Lucchesi

Suhrkamp

Der vorliegende Text folgt der Ausgabe:
Aufstieg und Fall der Stadt Mahagonny. Oper in drei Akten.
Text von Brecht. Musik von Kurt Weill. 1. Auflage,
U.E. Nr. 9852. Wien/Leipzig: Universal-Edition A.G. 1929.

3. Auflage 2019
Erste Auflage 2013
Originalausgabe
Suhrkamp BasisBibliothek 63

Satz: pagina GmbH, Tübingen
Druck: CPI – Ebner & Spiegel, Ulm
Umschlagabbildung: ullstein bild, Berlin
Umschlaggestaltung: Regina Göllner und Hermann Michels
Printed in Germany

ISBN 978-3-518-18863-7

Inhalt

Aufstieg und Fall der Stadt Mahagonny   7

Anhang

Selbstaussagen Bertolt Brechts zu
Aufstieg und Fall der Stadt Mahagonny 67

Kommentar

Zeittafel zu
Aufstieg und Fall der Stadt Mahagonny 119

Einführung 128

Entstehungs- und Textgeschichte 133

Zur vorliegenden Textfassung 142

Quellen 153

Wirkungsgeschichte 157

Deutungsansätze 169

Zur Forschung 180

Literaturhinweise 188

Wort- und Sacherläuterungen 195

Aufstieg und Fall der Stadt Mahagonny

Personen

LEOKADJA BEGBICK *Alt (oder Mezzosopran)*
FATTY, DER »PROKURIST« *Tenor*
DREIEINIGKEITSMOSES *Bariton*
JENNY *Sopran*   5
JIM MAHONEY *Tenor*
JACK *Tenor*
BILL (GENANNT SPARBÜCHSENBILL) *Bariton*
JOE (GENANNT ALASKAWOLFJOE) *Baß*
TOBBY HIGGINS *Tenor (kann auch von dem Darsteller des*   10
    Jack übernommen werden)
6 MÄDCHEN VON MAHAGONNY ⎫
DIE MÄNNER VON MAHAGONNY ⎭ *Chor*

Erster Akt

Nr. 1

An Stelle des üblichen Vorhanges fungiert* *eine kleine*   Dient
weiße Gardine, die, nicht höher als zweieinhalb Meter vom
5 *Bühnenboden aus gerechnet, sich an einem blechernen*
Draht nach rechts und links aufziehen läßt. Auf dieser Gar-
dine erscheinen die Projektionen aller Szenenüberschrif-
ten. Mit dem Beginn der Musik erscheint auf der Gardine
der Steckbrief von ⌈Leokadja Begbick⌉, *Dreieinigkeitsmo-*
10 *ses und Fatty, dem* ⌈Prokuristen⌉. *Die Anklage lautet auf*
⌈Kuppelei⌉ *und* ⌈betrügerischen Bankrott⌉. *Ein Vermerk:*
alle drei sind flüchtig. Dazu die Photos der Gesuchten.
Dann läuft über diese Projektion in roter Schrift die Über-
schrift der ersten Szene:
15 GRÜNDUNG DER STADT MAHAGONNY
Gardine auf. Im Hintergrund steht Projektion Nr. 1, dar-
stellend eine öde Gegend. Man sieht ein großes, übel zuge-
richtetes Lastauto hereinrollen. Der Vergaser knallt ... der
Motor setzt aus – der Wagen steht. Dann klettert vom
20 *Chauffeursitz herunter Dreieinigkeitsmoses und kriecht*
unter die Haube. Aus dem Hinterteil des Autos kriecht
Fatty und beginnt den Dialog.
FATTY Hallo, wir müssen weiter!
MOSES Aber der Wagen ist kaputt.
25 FATTY Ja, dann können wir nicht weiter.
    (Pause.)
MOSES Aber wir müssen weiter.
FATTY Aber vor uns ist nur Wüste.
MOSES Ja, dann können wir nicht weiter.
30   *(Pause.)*
FATTY Also müssen wir umkehren.
MOSES Aber hinter uns sind die ⌈Konstabler⌉, die uns von
Angesicht zu Angesicht kennen.

FATTY Ja, dann können wir nicht umkehren.
(Sie setzen sich aufs Trittbrett und rauchen.)
MOSES Oben an der Küste wird aber doch Gold gefunden.
FATTY Ja, die Küste, die ist lang.
MOSES Ja, dann können wir eben nicht hin. 5
FATTY Aber es wird dort Gold gefunden.
MOSES Ja, aber die Küste ist zu lang.
BEGBICK *(wird oben sichtbar)* Geht es nicht weiter?
MOSES Nein. *(Zermalmt mit einem Fußtritt den Vorderteil
  des Autos.)* 10
BEGBICK Gut, dann bleiben wir hier. Es ist mir eingefal-
  len, wenn wir nicht hinaufkommen können, werden wir
  hier unten bleiben. Seht, alle Leute, die von dort
  herunterkamen, sagten, daß die Flüsse das Gold sehr
  ungern hergeben. Es ist eine schlimme Arbeit und wir 15
  können nicht arbeiten. Aber ich habe diese Leute
  gesehen und ich sage euch, sie geben das Gold her! Ihr
  bekommt leichter das Gold von Männern als von
  Flüssen!
  Darum laßt uns hier eine Stadt gründen 20
  Und sie nennen Mahagonny,
  Das heißt: Netzestadt!
FATTY, MOSES Netzestadt!
BEGBICK ⌐Sie soll sein wie ein Netz,
  Das für die eßbaren Vögel gestellt wird.⌐ 25
  Überall gibt es Mühe und Arbeit,
  Aber hier gibt es Spaß.
  Denn es ist die Wollust der Männer,
  Nicht zu leiden und alles zu dürfen.
  Das ist der Kern des Goldes. 30
  Gin und Whisky,
  Mädchen und Knaben.
  Und eine Woche ist hier: Sieben Tage ohne Arbeit
  Und die großen Taifune kommen nicht bis hierher.
  Aber die Männer ohne Zank 35

Erwarten rauchend das Heraufkommen des Abends.
An jedem dritten Tag gibt es Kämpfe
Mit Gebrüll und Roheit, doch die Kämpfe sind fair.
Steckt also diesen Angelstock in diese Erde und hißt
5   dieses Stück Leinen, damit die Schiffe, die von der
Goldküste hier vorüberfahren, uns sehen können.
Stellt den Bartisch auf,
Dort unterm Gummibaum:
Das ist die Stadt,
10 Das ist ihre Mitte
Und sie heißt: »Die Hier-darfst-du-Schenke«.
Aber dieses ganze Mahagonny
Ist nur, weil alles so schlecht ist,
Weil keine Ruhe herrscht
15 Und keine Eintracht,
Und weil es nichts gibt,
Woran man sich halten kann.
(Während der rote Mahagonny-Wimpel an einem lan-
gen Angelstock hochgeht.)
20 FATTY, MOSES Aber dieses ganze Mahagonny
Ist nur, weil alles so schlecht ist,
Weil keine Ruhe herrscht
Und keine Eintracht,
Und weil es nichts gibt,
25 Woran man sich halten kann.
Die Gardine schließt sich eilig und es erscheint auf ihr
die Überschrift der II. Szene: »RASCH WUCHS IN DEN
NÄCHSTEN WOCHEN EINE STADT AUF, UND DIE
ERSTEN ⌐»HAIFISCHE«⌐ SIEDELTEN SICH IN IHR
30 AN«.

Nr. 2

Aus der geschlossenen Gardine treten mit einem großen
Koffer Jenny und die 6 Mädchen, setzen sich auf den Koffer
und singen den ⌜*Alabama-Song*⌝.

JENNY Oh show us the way   5
    To the next whisky-bar.
6 MÄDCHEN Oh, don't ask why,
JENNY For we must find the next whisky-bar,
    For if we don't find the next whisky-bar.
6 MÄDCHEN I tell you we must die!   10
JENNY Oh! Moon of Alabama
    We now must say good-bye
    We 've lost our good old mamma
    And must have whisky
    Oh! you know why.   15
    Oh, show us the way to the next little dollar.
6 MÄDCHEN Oh, don't ask why, oh don't ask why!
JENNY For we must find the next little dollar,
    For if we don't find the next little dollar.
6 MÄDCHEN I tell you, we must die,   20
JENNY UND 6 MÄDCHEN Oh Moon of Alabama
    We now must say good-bye
    We 've lost our good old mamma
    And must have dollars
    Oh! you know why.   25
Die Mädchen gehen mit ihrem Koffer ab. Auf der
Gardine erscheint die Überschrift der 3. Szene: »DIE
NACHRICHT VON DER GRÜNDUNG EINER
PARADIESSTADT ERREICHT DIE GROSSEN
STÄDTE«.   30

Die Gardine öffnet sich. Auf dem Hintergrunde erscheint
eine Projektion, darstellend die Ansicht einer Millionen-
stadt, sowie die Photographien vieler Männer.

5 MÄNNERCHOR *(hinter der Szene)*

    Wir wohnen in den Städten.

    Unter ihnen sind ⌐Gossen¬,

    In ihnen ist nichts,

    Über ihnen ist Rauch.

10   Wir sind noch drin,

    Wir haben nichts genossen.

    Wir vergehen rasch

    Und langsam vergehen sie auch.

    (Fatty und Moses treten auf.)

15 FATTY Fern vom Getriebe der Welt

MOSES Die großen Züge kommen nicht vorbei.

FATTY Liegt die Goldstadt Mahagonny.

MOSES Dort wurde gestern erst nach euch gefragt.

FATTY Zu unserer Zeit gibt es in den großen Städten

20   viele, denen es nicht mehr gefällt. Solche gehen nach

    Mahagonny, der Goldstadt.

MOSES Die Getränke sind billig.

FATTY Hier in euren Städten ist der Lärm zu groß,

    Nichts als Unruhe und Zwietracht,

25   Und nichts, woran man sich halten kann.

MOSES Weil alles so schlecht ist.

FATTY, MOSES Doch sitzt ihr einmal bei den

    Mahagonny-Leuten,

    Nun, so raucht ihr auch,

30   Und aus euren ⌐gelben Häuten¬

    Steigt Rauch.

    Himmel wie Pergament,

    Gold'ner Tabak!

    Wenn ⌐San Francisco brennt¬,

Was ihr dran Gutes nennt,
Sehet, das geht am End
In einen Sack.

MÄNNERCHOR *(hinter der Szene)*
Wir wohnen in den Städten. 5
Unter ihnen sind Gossen,
In ihnen ist nichts,
Über ihnen ist Rauch.
Wir sind noch drin,
Wir haben nichts genossen, 10
Wir vergehen rasch
Und langsam vergehen sie auch.

FATTY Drum auf nach Mahagonny!
MOSES Dort wurde gestern erst nach euch gefragt.
Die Gardine schließt sich. Überschrift der 4. Szene: »IN 15
DEN NÄCHSTEN JAHREN ZOGEN DIE
UNZUFRIEDENEN ALLER KONTINENTE DER
GOLDSTADT MAHAGONNY ENTGEGEN«.

Nr. 4

Die Projektion erlischt und vor die Gardine treten – wie die 20
Mädchen in Nr. 2 – jetzt die vier Männer: Jim, Jack, Bill,
Joe.

JIM ⌜Auf nach Mahagonny!⌝
JACK Die Luft ist kühl und frisch.
BILL Dort gibt es Pferd- und Weiberfleisch. 25
JOE Whisky und Pokertisch.
JIM, JACK, BILL, JOE
Schöner, grüner
Mond von Alabama,
Leuchte uns! 30
Denn wir haben heute hier
Unterm Hemde Geldpapier

Für ein großes Lachen
Deines großen, dummen Munds.
(JIM) Auf nach Mahagonny,
Der Ostwind, der geht schon,
(JACK) Dort gibt es frischen Fleischsalat
Und keine Direktion*.

Hier: Leitung,
Behörde

(ALLE) Schöner, grüner
Mond von Alabama,
Leuchte uns!
Denn wir haben heute hier
Unterm Hemde Geldpapier
Für ein großes Lachen
Deines großen, dummen Munds.
(JIM) Auf nach Mahagonny,
Das Schiff ist losgeseilt,
(JACK) Die ⌐Zi-zi-zi-zi-vilis¬,
Die wird uns dort geheilt.
(ALLE) Schöner, grüner
Mond von Alabama,
Leuchte uns!
Denn wir haben heute hier
Unterm Hemde Geldpapier
Für ein großes Lachen
Deines großen, dummen Munds.
(Die Männer ab.)
Auf der Gardine erscheint die Überschrift der 5. Szene:
»DAMALS KAM UNTER ANDEREN AUCH ⌐JIM
MAHONEY¬ IN DIE STADT MAHAGONNY, UND
SEINE GESCHICHTE IST ES, DIE WIR IHNEN
ERZÄHLEN WOLLEN«.

Nr. 5

Die Gardine öffnet sich und zeigt vor einer Projektion,
darstellend den Landungsplatz von Mahagonny, die vier
Männer, Jim, Jack, Bill, Joe. Sie stehen vor einem Wegwei-
ser »Nach Mahagonny«, an dem eine Preistafel hängt. 5

JIM Wenn man an einen fremden Strand kommt,
   Ist man immer zuerst etwas verlegen.

JACK Man weiß nicht recht, wohin man gehen soll,

BILL Wen man anbrüllen darf –

JOE Und vor wem man den Hut zieht. 10

JIM Das ist der Nachteil,
   Wenn man an einen fremden Strand kommt.
   (Begbick kommt mit einer großen Liste.)

BEGBICK Ach, meine Herren,
   Willkommen zu Hause. 15
   (Sieht in der Liste nach.)
   Ist das denn nicht Herr Jimmy Mahoney,
   Der berühmt ist im ⌈Messerspitzeln⌉?
   Jeden Abend vor dem Schlafengehen
   Wünschen Sie Gin mit Pfeffer. 20

JIM *(gesprochen)* Angenehm!

BEGBICK Witwe Begbick.
   (Begrüßung.)

BEGBICK Und zu Ihrer Ankunft, Herr Jack O'Brien
   Haben wir den Kies geharkt. 25

JACK Danke Ihnen.

BEGBICK Und Sie, Mister Billy?

JIM *(vorstellend)* Sparbüchsen-Billy.

BEGBICK Und Sie, Mister Joe?

JIM *(ebenso)* Alaskawolf-Joe. 30

BEGBICK Um Ihnen uns gefällig zu erweisen,
   Setzen wir die Preise etwas abwärts.
   (Sie ändert die Preistafeln.)

BILL, JOE Danke herzlich!
   (Begrüßung.) 35

BEGBICK *(gesprochen)* Wünschen Sie zuerst sich mit frischen Mädchen zu versorgen?
*(Dreieinigkeitsmoses bringt Mädchenbilder und stellt
sie wie ⌜Moritattafeln⌝ auf.)*
5   Meine Herren, jeder Mann trägt im Herzen das Bild
seiner Geliebten. Was dem einen üppig ist, ist dem
andern mager. So ein Schwung der Hüfte wäre etwa
passend für Sie, Herr Joe.
JACK Vielleicht wäre es für mich das Passende.
10 JOE Ich dachte allerdings an etwas dunkleres.
BEGBICK Und Sie, Herr Bill?
BILL Bemühen Sie sich gar nicht.
BEGBICK Und Mister Jim?
JIM Nein, ich sehe nichts an Bildern. Ich muß hinlangen,
15 damit ich weiß, ob das Liebe ist bei mir.
Heraus, ihr Schönen von Mahagonny,
Wir haben Geld und was habt ihr?
JACK, BILL, JOE Sieben Jahre in Alaska,
Das ist Kälte, das ist Geld,
20 Heraus ihr Schönen von Mahagonny,
Wir zahlen bar, wenn's uns gefällt.
JENNY, 6 MÄDCHEN Guten Tag, ihr Jungens von Alaska,
War es kalt dort und habt ihr Geld?
JIM Guten Tag, ihr Schönen von Mahagonny.
25 JENNY, 6 MÄDCHEN
Wir sind die Mädchen von Mahagonny,
Wenn ihr bezahlt, dann kriegt ihr, was euch gefällt.
BEGBICK *(auf Jenny weisend)*
Das ist Ihr Mädchen, Herr Jack O'Brien.
30 Wenn ihre Hüfte keinen Schwung hat,
Sind Ihre fünfzig Dollar Dreck aus Wellblech*.   Im Sinne von:
                                                       nichts wert
JACK Dreißig Dollar!
BEGBICK *(achselzuckend zu Jenny)* Dreißig Dollar!
JENNY ⌜Ach, bedenken Sie⌝, Herr Jack O'Brien,
35 Ach, bedenken Sie, was man für dreißig Dollar kriegt.
Zehn Paar Strümpfe und etwas.

Ich bin aus Havanna,
Meine Mutter war eine Weiße.
Sie sagte oft zu mir:
»Mein Kind, verkauf' dich nicht
Für ein paar Dollarnoten, so wie ich es tat.   5
Schau dir an, was aus mir geworden ist.«
Ach, bedenken Sie, Herr Jack O'Brien.
JACK Also, zwanzig Dollar.
BEGBICK Dreißig, mein Herr, dreißig.
JACK Ausgeschlossen.   10
JIM Vielleicht nehme ich sie.
    (Zu Jenny.)
Wie heißt du denn?
JENNY Jenny Smith aus Oklahoma.
Ich bin hergekommen vor neun Wochen.   15
Ich war drunten in den großen Städten.
Ich tue alles, was man verlangt von mir.

Ich kenn' die Jimmys, Jimmys, Jimmys aus Alaska
schon,
Sie hatten's schlimmer dort als selbst die Toten. 20
Und wurden reich davon, und wurden reich davon,
Und kommen, die Jacketts zum Platzen voll Banknoten,
Auf ihren Zügen an und sehen Mahagon.

Ach, Jimmy, lieber Jimmy mein,
Die Herrn sehn immer auf mein Bein,   25
Mein Bein ist nur für dich da, Jimmy,
Ach, Jimmy, setz' dich auf mein Knie,
Ach, Jimmy, ach, ich liebte nie,
Ach, trink' aus meinem Glase, Jimmy!
JIM Gut, ich nehme dich.   30
JENNY Kopf hoch, Jimmy!
    (Alle wollen nach Mahagonny aufbrechen – – da kommen ihnen Leute mit Koffern entgegen.)
JOE Was sind das für Leute?

DIE LEUTE MIT KOFFERN *(vorüberhastend).*
Ist das Schiff schon fort?
Gott sei Dank! Nein, dort liegt es noch!
(Die Leute mit Koffern stürzen ab zum Landungsplatz.)
5 BEGBICK *(schimpft ihnen nach)* Dummköpfe, Quadrat-
schädel! Da laufen sie hin auf das Schiff. Und ihre Ta-
schen sind noch voll von Geld. Schlechte Rasse! Leute
ohne Humor!
JACK Das ist seltsam, daß die weggeh'n.
10 Wo es schön ist, da bleibt man.
Wenn da nur nicht etwas faul ist.
BEGBICK Sie aber, meine Herren,
Sie kommen mit nach Mahagonny.
Es kommt mir nicht darauf an,
15 Den Whisky noch einmal herabzusetzen.
*(Sie steckt eine dritte Tafel mit noch niedrigeren Preisen
vor die zweite.)*
JOE Dieses Mahagonny, das uns so gepriesen wurde,
Scheint sehr billig, das mißfällt mir.
20 BILL Ich finde alles viel zu teuer.
JACK Und du, Jimmy, meinst du, daß es gut dort ist?
JIM Wo wir sind, da ist es gut.
JENNY Ach, Jimmy, setz' dich auf mein Knie,
6 MÄDCHEN Ach, Jimmy, setz' dich auf mein Knie.
25 JENNY, 6 MÄDCHEN Ach, Jimmy, ach, ich liebte nie,
Ach, trink aus meinem Glase, Jimmy!
JENNY, 6 MÄDCHEN, BEGBICK, JIM, JACK, BILL, JOE Das
sind die Jimmys, Jimmys, Jimmys aus Alaska schon,
JENNY, 6 MÄDCHEN Die hatten's schlimmer dort als selbst
30 die Toten.
JIM, JACK, BILL, JOE Und wurden reich davon.
Und wurden reich davon.
JENNY, 6 MÄDCHEN Und kommen, die Jacketts zum
Platzen voll Banknoten,
35 Auf ihren Zügen an und sehen Mahagon.
(Alle ab nach Mahagonny.)

Nr. 6

Wenn sich die Gardine geschlossen hat, erscheint auf ihr
eine Projektion, darstellend einen Stadtplan von Maha-
gonny. Aus der Gardine treten Jim und Jenny. Sie singen im
Vorübergehen.   5

JENNY
    Ich habe gelernt, wenn ich einen Mann kennenlerne,
    Ihn zu fragen, was er gewohnt ist.
    Sagen Sie mir also, wie Sie mich wünschen.

JIM Wie Sie sind, so gefallen Sie mir.   10
    Wenn Sie »du« zu mir sagten,
    Würd’ ich denken, ich gefalle Ihnen.

JENNY Bitte, Jimmy, wie willst du meine Haare?
    Nach vorn oder zurück?

JIM Das könnte verschieden sein,   15
    Je nach der Gelegenheit.

JENNY Aber, wie ist es mit der Wäsche, mein Freund?
    Trage ich Wäsche unterm Rock,
    Oder geh’ ich ohne Wäsche?

JIM Ohne Wäsche.   20

JENNY Wie Sie wollen, Jimmy.

JIM Und Ihre Wünsche?

JENNY Es ist vielleicht zu früh, davon zu reden.
    Auf der Gardine erscheint die Schrift der 7. Szene:
    »ALLE GROSSEN UNTERNEHMUNGEN HABEN   25
    IHRE KRISEN«.

Nr. 7

Gardine auf. Auf dem Hintergrund eine Projektion, dar-
stellend eine Statistik der Verbrechen und Geldumläufe in
Mahagonny. Sieben verschiedene Preistafeln. Im Innern   30
der »Hier-darfst-du«-Schenke sitzen am Bartisch Fatty
und Moses. Die Begbick stürzt weißgeschminkt herein.

BEGBICK Fatty und Moses! *(Gesprochen, hastig und leise)* Fatty und Moses, habt ihr gesehen, daß Leute wieder abreisen? Sie sind schon unten am Hafen. Ich habe sie gesehen.

5 FATTY *(ebenso)* Was soll sie auch hier halten? Ein paar Schenken und ein Haufen von Stille ...

MOSES Und was sind das auch für Männer! Sie fangen einen Fisch und sind glücklich! Sie sitzen rauchend vor dem Haus und sind zufrieden ...

10 BEGBICK, FATTY, MOSES Ach, dieses Mahagonny
Ist kein Geschäft geworden.

BEGBICK Heute kostet der Whisky zwölf Dollar.

FATTY Morgen wird er bestimmt auf acht sinken.

MOSES Und er wird nie mehr hinaufgehen!

15 BEGBICK, FATTY, MOSES Ach, dieses Mahagonny
Ist kein Geschäft geworden.

BEGBICK Ich weiß nicht, was ich machen soll! Alle wollen etwas haben von mir und ich habe nichts mehr. Was soll ich ihnen geben, daß sie hierbleiben und mich leben
20 lassen?

BEGBICK, FATTY, MOSES Ach, dieses Mahagonny
Ist kein Geschäft geworden.

BEGBICK
Auch ich bin einmal an einer Mauer gestanden
25 Mit einem Mann,
Und wir haben Worte getauscht
Und von der Liebe gesprochen.
Aber das Geld ist hin
Und mit ihm auch die Sinnlichkeit.

30 FATTY, MOSES Geld macht sinnlich,
Geld macht sinnlich.

BEGBICK Vor neunzehn Jahren ging das Elend los und die Existenzkämpfe haben mich ausgehöhlt. Dieses war mein letzter großer Plan: der hieß Mahagonny, die
35 Netzestadt. Doch im Netz hat sich nichts gefangen ...

BEGBICK, FATTY, MOSES Ach, dieses Mahagonny
   Ist kein Geschäft geworden.
BEGBICK Nun, so werden wir zurückkehren
   Und wieder zurückfahren durch die tausend Städte
   Und wieder zurückzählen die neunzehn Jahre.   5
   Packt die Koffer!
   Wir fahren zurück.
FATTY Ja! Witwe Begbick! Ja, Witwe Begbick, dort warten
   sie schon auf dich! *(Liest aus der Zeitung vor)* In
   Pensacola* sind Konstabler eingetroffen, die hinter einer 10
   Frau her sind, die Leokadja Begbick heißt, sie haben alle
   Häuser durchgesucht und sind dann weitergeritten ...
BEGBICK Ach! Nun rettet uns nichts mehr.
FATTY, MOSES Ja, Witwe Begbick,
   Mit dem Unrecht geht es eben doch nicht   15
   Und wer es mit dem Laster treibt,
   Der wird nicht alt!
BEGBICK Ja, wenn wir Geld hätten!
   Wenn wir Geld gemacht hätten
   Mit dieser Netzestadt, die keine Netze hat,   20
   Dann könnten die Konstabler kommen!
   Sind da nicht etliche gekommen heute?
   Sie sahen aus, als ob sie Geld hätten.
   Vielleicht geben die uns ihr Geld.
   Die Gardine geht zu und es erscheint die Schrift der   25
   8. Szene: »ALLE WAHRHAFT SUCHENDEN WERDEN
   ENTTÄUSCHT«.

Stadt im NW v. Florida/USA (margin note at line 10)

Nr. 8

Auf der geschlossenen Gardine sieht man wieder die Projektion der 5. Szene, darstellend den Landungsplatz von 30
Mahagonny.
Von der Stadt her kommt – wie früher die Leute mit den

Koffern – jetzt Jim, den seine Freunde zurückzuhalten su-
chen.

JACK Jimmy, warum läufst du denn fort?

JIM Ja, was soll mich denn hier halten?

5 BILL Warum machst du denn so ein Gesicht?

JIM Weil ich eine Tafel sehen mußte,
       Darauf stand: »Hier ist verboten«.

JOE Hast du nicht Gin und billigen Whisky?

JIM Zu billig!

10 BILL Und Ruhe und Eintracht?

JIM Zu ruhig!

JACK Wenn du einen Fisch essen willst,
        Kannst du dir einen fangen.

JIM Das macht mich nicht glücklich.

15 JOE Man raucht.

JIM *(ironisch)* Man raucht.

BILL Man schläft etwas.

JIM *(ebenso)* Man schläft.

JACK Man schwimmt.

20 JIM *(losplatzend)* Man holt sich eine Banane!

JOE Man schaut das Wasser an.

JIM *(zuckt nur noch mit den Achseln)*.

BILL Man vergißt.

JIM ⌜Aber etwas fehlt.⌝

25 JACK, BILL, JOE
       Wunderbar ist das Heraufkommen des Abends
       Und schön sind die Gespräche der Männer unter sich!

JIM Aber etwas fehlt.

JACK, BILL, JOE Schön ist die Ruhe und der Frieden, und
30   beglückend ist die Eintracht.

JIM Aber etwas fehlt.

JACK, BILL, JOE Herrlich ist das einfache Leben
       Und ohnegleichen ist die Größe der Natur.

JIM Aber etwas fehlt.

1.

Ich glaube, ich will ⌜meinen Hut auf-ess'n⌝,

Ich glaube, da werde ich satt.

Warum soll einer nicht seinen Hut auf-ess'n,

Wenn er sonst nichts, wenn er sonst nichts, wenn   5

    er sonst nichts zu tun hat?

2.

Ich glaube, ich müßte nach Georgia* fahr'n,

Ich glaube, da ist eine Stadt.

Warum soll einer nicht nach Georgia fahr'n,   10

Wenn er sonst nichts, wenn er sonst nichts, wenn

    er sonst nichts zu tun hat?

1. 2.

Ihr habt gelernt das Cocktail-Abc,

Ihr habt den Mond die ganze Nacht geseh'n.   15

Geschlossen ist die ⌜Bar von Mandelay⌝

Und es ist immer noch nichts gescheh'n.

Oh, Jungens, es ist immer noch nichts gescheh'n.

JACK, BILL, JOE Oh, Jimmy, bleibe kalten Bluts,

Das ist die Bar von Mandelay!   20

JOE Jimmy will seinen Hut aufess'n.

BILL Warum willst du denn deinen Hut aufess'n?

JOE, BILL, JACK Du bist ein tolles Huhn, Jimmy!

JACK Nein, das kannst du nicht tun, Jimmy!

JACK, JOE, BILL Treib' es uns nicht zu dick!   25

JACK, JOE, BILL Jimmy, da ist ein Strick!

(Alle drei brüllend)

Wir schlagen dich einfach nieder,

Ach, Jimmy, bis du wieder ein Mensch bist!

JIM *(ruhig)* Oh, Jungens, ich will doch gar kein Mensch   30
sein.

JOE So, jetzt hast du dich ausgesprochen und jetzt kommst
du hübsch wieder mit nach Mahagonny. *(Sie führen ihn
in die Stadt zurück.)*

Bundesstaat
im SO der
USA, nördl.
v. Florida

Erster Akt

Nr. 9

Gardine auf. Vor der »Hier-darfst-du«-Schenke unter ei-
nem großen Himmel sitzen rauchend, schaukelnd und trin-
kend die Männer von Mahagonny, darunter unsere vier
5 *Freunde.* ⌜*Sie hören eine Musik an*⌝ *und betrachten träu-*
merisch ⌜*eine weiße Wolke*⌝*, die von links nach rechts über*
den Himmel zieht, sodann wieder umkehrt usw. Um sie
stehen Plakate mit Inschriften: »Schonen Sie gefälligst
meine Stühle«, »Machen Sie keinen Krach«, »Vermeiden
10 *Sie anstößige Gesänge«.*

JIM Tief in Alaskas schneeweißen Wäldern
　　　Habe ich in Gemeinschaft mit drei Kameraden
　　　Bäume gefällt und an die Flüsse gebracht,
　　　Rohes Fleisch gegessen und Geld gesammelt.
15　　Sieben Jahre hab' ich gebraucht,
　　　Um hierher zu kommen.
　　　Dort in der Hütte am Fluß, in sieben Wintern,
　　　Schnitt unser Messer in den Tisch unsre Goddams*.
　　　Wir machten aus, wo wir hingehen würden,
20　　Wo wir hingehen würden, wenn wir Geld genug hätten.
　　　Alles habe ich ertragen,
　　　Um hierher zu kommen.
　　　Als die Zeit vorbei war, steckten wir das Geld ein
　　　Und wählten aus vor allen Städten die Stadt
25　　　　　　　　　　　　　　　Mahagonny,
　　　Kamen hierher auf dem kürzesten Weg,
　　　Ohne Aufenthalt,
　　　Und mußten das hier sehen,
　　　Etwas Schlechteres gab es nicht
30　　Und etwas Dümmeres fiel uns nicht ein,
　　　Als hierher zu kommen.
　　　(Jim springt auf.)
　　　Ja, was fällt euch denn ein? Das könnt ihr doch mit uns
　　　nicht machen! Da seid ihr an die Falschen gekommen.

> (engl.) God
> damn you:
> Gott
> verdamme
> dich; i. S. v.:
> Flüche

(Er schießt seinen Revolver ab.) Komm' heraus! Du
Hier-darfst-du-Schlampe! Hier ist Jimmy Mahoney!
Aus Alaska! Dem gefällt's hier nicht!

BEGBICK *(aus dem Hause kommend)* Was gefällt dir hier
nicht? 5

JIMMY Dein Dreckhaufen!

BEGBICK Ich verstehe immer Dreckhaufen! Sagten Sie
nicht eben Dreckhaufen?

JIM Ja, das sagte ich, Jimmy Mahoney.

(Die Wolke erzittert und geht eilig ab.) 10

JIM Sieben Jahre, sieben Jahre hab' ich die Bäume gefällt.

6 MÄDCHEN, JACK, BILL, JOE Hat er die Bäume gefällt.

JACK, BILL, JOE Hat er die Bäume gefällt.

JIM Und das Wasser, und das Wasser, und das Wasser
hatte nur vier Grad. 15

6 MÄDCHEN, JACK, BILL, JOE Das Wasser hatte nur vier
Grad.

JIM Alles habe ich ertragen, alles, um hierher zu kommen.
Aber hier gefällt es mir nicht,
Denn hier ist nichts los! 20

JENNY Lieber Jimmy, lieber Jimmy,
Hör' auf uns und laß das Messer drin.

JIM Haltet mich zurück!

JACK, BILL, JOE Hör' auf uns und laß das Messer drin.

JENNY Lieber Jimmy, komm' mit uns und sei ein 25
Gentleman.

JIM Haltet mich zurück!

JACK, BILL, JOE Komm' mit uns und sei ein Gentleman.

JIM Sieben Jahre Bäume fällen,
Sieben Jahre Kälte leiden, 30
Alles mußte ich ertragen,
Und nun muß ich das hier finden!

BEGBICK, FATTY, MOSES Du hast Ruhe, Eintracht,
Whisky, Mädchen.

JIM Ruhe, Eintracht! Whisky! Mädchen! 35

JENNY, JACK, BILL, JOE Laß das Messer in dem Gürtel!

CHOR Ru-he! Ru-he!

BEGBICK, FATTY, MOSES Du kannst schlafen, rauchen, angeln, schwimmen!

5 JIM Schlafen! Rauchen! Angeln! Schwimmen!

JENNY, 6 MÄDCHEN, JACK, BILL, JOE Jimmy, laß das Messer drin! Jimmy, laß das Messer drin!

CHOR Ru-he! Ru-he!

BEGBICK, FATTY, MOSES

10 Das sind die Jimmys aus Alaska,
Das sind die Jimmys aus Alaska.

JIM Haltet mich zurück, sonst gibt es ein Unglück,
Haltet mich zurück!

JACK, BILL, JOE Haltet ihn zurück! Sonst gibt es ein
15 Unglück! Haltet ihn zurück!

CHOR (höhnisch) Das sind die Jimmys, Jimmys, Jimmys
aus Alaska schon, die hatten's schlimmer dort als selbst
die Toten. Und wurden reich davon! Und wurden reich
davon.

20 BEGBICK, FATTY, MOSES Wenn doch diese dummen
Hunde immer in Alaska blieben, denn die wollen nur
zerstören unsre Ruhe, unsre Eintracht. Werft ihn doch
hinaus, werft ihn hinaus!

JIM Haltet mich zurück, sonst gibt's ein Unglück, weil hier
25 nichts los ist, weil hier nichts los ist. (Er steht auf einem
Tisch.)

Ach, mit eurem ganzen Mahagonny
Wird nie ein Mensch glücklich werden,
Weil zu viel Ruhe herrscht,
30 Und zu viel Eintracht
Und weil's zu viel gibt,
Woran man sich halten kann.
(Lichter aus. Alle bleiben im Dunkeln auf der Bühne
stehen.)

Nr. 10

Auf dem Hintergrund erscheint riesengroß die Schrift: ⌜»EIN TAIFUN!«⌝, *dann eine zweite Schrift:* »EIN HURRIKAN IN BEWEGUNG AUF MAHAGONNY«.
Dann können – mit filmischen oder szenischen Mitteln – Taifunszenen gezeigt werden: Sturm, Wasser, einstürzende Häuser, fliehende Menschen und Tiere usw.

JENNY, MÄDCHEN, BEGBICK, FATTY, MOSES, MÄNNER-
CHOR Oh, furchtbares Ereignis,
    Die Stadt der Freude wird zerstört.
    Auf den Bergen stehen die Hurrikane
    Und der Tod tritt aus den Wassern hervor.
    Oh, furchtbares Ereignis,
    Oh, grausames Geschick!
    Wo ist eine Mauer, die mich verbirgt?
    Wo ist eine Höhle, die mich aufnimmt?
    Oh, furchtbares Ereignis,
    Oh, grausames Geschick!
Gardine zu. Schrift: »IN DIESER NACHT DES ENTSETZENS FAND EIN EINFACHER HOLZFÄLLER NAMENS JIM MAHONEY DIE GESETZE DER MENSCHLICHEN GLÜCKSELIGKEIT«.

Nr. 11

Gardine auf. Die Nacht des Hurrikans. An eine Mauer gelehnt sitzen auf der Erde Jenny, die Begbick, Jim, Jack, Bill und Joe. Alle sind verzweifelt, nur Jim lächelt. Aus dem Hintergrund hört man die Stimmen von Umzügen, die hinter der Mauer vorüberziehen.

Vgl. Lukas 2,10.

MÄNNERCHOR *(außerhalb)*
    Haltet euch aufrecht, fürchtet euch nicht*,
    Brüder, erlischt auch das irdische Licht.*

Metaphorisch für: sterben

Wollet nicht verzagen,
Was hilft alles Klagen
Dem, ⌜der gegen Hurrikane ficht⌝?

JENNY *(leise und traurig)* Oh, moon of Alabama,
5 We now must say good bye.
We've lost our good mamma,
And must have whisky oh you know why.

JACK Wo immer du hingehst,
Es nützt nichts.
10 Wo du auch seist,
Du entrinnst nicht.
Am besten wird es sein,
Du bleibst sitzen
Und wartest
15 Auf das Ende.

CHOR *(außerhalb)*
Haltet euch aufrecht, fürchtet euch nicht,
Brüder, erlischt auch das irdische Licht.
Wollet nicht verzagen,
20 Was hilft alles Klagen
Dem, der gegen Hurrikane ficht?
(Jim lächelt.)

BEGBICK *(zu Jim)* Warum lachst du?

JIM Siehst du, so ist die Welt:
25 Ruhe und Eintracht, das gibt es nicht,
Aber Hurrikane, die gibt es
Und Taifune, wo sie nicht auslangen.
Und gerade so ist der Mensch:
Er muß zerstören, was da ist.
30 Wozu braucht's da einen Hurrikan?
Was ist der Taifun an Schrecken
Gegen den Menschen, wenn er seinen Spaß will?
(Aus der Ferne: Haltet euch aufrecht usw.)

JACK *(gesprochen)* Sei ruhig, Jim!
35 JOE Was redest du noch?

BILL Setz' dich hin und rauche und vergiß!

JIM Wozu Türme bauen wie der Himalaya,
Wenn man sie nicht umwerfen kann,
Damit es ein Gelächter gibt.
Was eben ist, das muß krumm werden, 5
Und was hoch ragt, das muß in den Staub.
Wir brauchen keinen Hurrikan,
Wir brauchen keinen Taifun,
Denn was er an Schrecken tuen kann,
Das können wir selber, 10
Das können wir selber,
Das können wir selber tun.
(Aus der Ferne: Haltet euch aufrecht usw.)

BEGBICK Schlimm ist der Hurrikan,
Schlimmer ist der Taifun, 15
Doch am schlimmsten ist der Mensch.

JIM *(zu Begbick)* Siehst du, ⌜du hast Tafeln gemacht⌝
Und darauf geschrieben:
Das ist verboten
Und dieses darfst du nicht. 20
Und es entstand keine Glückseligkeit.
Hier, Kameraden, ist eine Tafel,
Darauf steht: es ist heut' nacht verboten
Zu singen, was lustig ist
Aber noch vor es zwei schlägt, 25
Werde ich, Jimmy Mahoney,
Singen, was lustig ist,
Damit ihr seht,
Es ist nichts verboten!

JACK Wir brauchen keinen Hurrikan, 30
Wir brauchen keinen Taifun,
Denn was er an Schrecken tuen kann,
Das können wir selber tun.

JENNY Sei ruhig, Jim! Was redest du? Geh' hinaus mit mir
und liebe mich. 35

JIM Nein, jetzt sage ich *(er tritt an die Rampe):*
⌐Wenn es etwas gibt,
Was du haben kannst für Geld,
Dann nimm dir das Geld.
5 Wenn einer vorübergeht und hat Geld,
Schlag' ihn auf den Kopf und nimm dir sein Geld:
Du darfst es!

Willst du wohnen in einem Haus,
Dann geh' in ein Haus
10 Und leg' dich in ein Bett.
Wenn die Frau hereinkommt, beherberge sie,
Wenn das Dach aber durchbricht, gehe weg!
Du darfst es!

Wenn es einen Gedanken gibt,
15 Den du nicht kennst,
Denke den Gedanken.
Kostet er Geld, verlangt er dein Haus:
Denke ihn! Denke ihn!
Du darfst es!
20 Im Int'resse der Ordnung.
Zum Besten des Staates.
Für die Zukunft der Menschheit.
Zu deinem eigenen Wohlbefinden
Darfst du!⌐

25 *(Alle haben sich erhoben, die Köpfe entblößt, Jim tritt*
zurück und empfängt ihre Glückwünsche.)
MÄNNERCHOR *(draußen)*
Wollet nicht verzagen,
Was hilft alles Klagen
30 Dem, der gegen Hurrikane ficht?
BEGBICK *(winkt Jim zu sich und geht mit ihm in eine Ek-*
ke) Du meinst also, es war falsch, daß ich etwas verboten habe!?

JIM Ja, denn ich, der ich lustig bin, zerschlage lieber deine
Tafeln und deine Gesetze, und deine Mauern müssen hin
sein. Wie der Hurrikan es auch macht, so mache ich es.
Du bekommst Geld dafür. Hier ist es.
BEGBICK *(zu allen)* So tuet nur, was euch beliebt,   5
Bald tut es doch der Taifun,
Denn da es einen Hurrikan gibt,
Drum können wir alles,
Drum können wir alles,
Drum können wir alles tun.   10
JIM, JACK, BILL, JOE
So, wie wenn's einen Hurrikan gibt,
So wollen wir immer leben,
Wollen tuen nur, was uns beliebt,
Denn es kann einen Hurrikan geben.   15
Jeden Tag,
Wenn er mag,
Kann er uns an das Leben.
(Fatty und Moses stürzen aufgeregt herein.)
FATTY, MOSES Zerstört ist Pensacola!   20
Zerstört ist Pensacola!
Und der Hurrikan nimmt seinen Weg
Hierher nach Mahagonny!
BEGBICK *(triumphierend ausbrechend)* Pensacola!
Pensacola!   25
Erschlagen liegen die Konstabler
⌐Und untergehen die Gerechten mit den Ungerechten.⌐
Sie müssen alle dahin.
JIM Darum fordere ich euch auf
Tuet alles heut' nacht, was verboten ist.   30
Wenn der Hurrikan kommt, der macht es auch so!
Singt also zum Beispiel, weil es verboten ist.
CHOR *(ganz nahe hinter der Mauer)* Seid ruhig, seid ruhig.
JENNY, BEGBICK, FATTY, MOSES, JACK, BILL, JIM mit
JENNY, JOE Also singt mit uns: 35

Singt mit uns alles, was lustig ist,
Weil es verboten ist,
Singet mit uns!
(Jim springt auf die Mauer.)

5 JIM ⌐Denn wie man sich bettet, so liegt man⌐,
Es deckt einen keiner da zu,
Und wenn einer tritt, dann bin ich es,
Und wird einer getreten, dann bist du's!

ALLE Denn wie man sich bettet, so liegt man,
10 Es deckt einen keiner da zu.
Und wenn einer tritt, dann bin ich es,
Und wird einer getreten, bist du's.
*(Licht aus. Im Hintergrund sieht man nur noch eine geo-
graphische Zeichnung mit einem langsam auf Maha-*
15 *gonny zulaufenden Pfeil, der den Weg des Hurrikans
anzeigt.)*

CHOR *(Bässe; aus der Ferne)*
Haltet euch aufrech! Fürchtet euch nicht!

(Vorhang langsam.)
20 *Schluß des ersten Aktes.*

Zweiter Akt

Nr. 12

Bei Beginn des zweiten Aktes ist die Gardine geöffnet. In
fahlem Licht warten auf der Landstraße vor dem Ort Ma-
hagonny die Mädchen und Männer. Die Projektionsfläche 5
zeigt wieder den Pfeil wie am Schluß des ersten Aktes, lang-
sam auf Mahagonny zulaufend. Ein Lautsprecher meldet
in Abständen während des ⌐Orchester-Ritornells⌐.
Aus dem Lautsprecher kommt die Meldung: Hurrikan be-
wegt sich mit 120 Stundenmeilen auf ⌐Atsena⌐ zu. 10
Zweite Lautsprechermeldung: Hurrikan schon in Atsena.
Atsena bis auf die Grundmauern zerstört.
Dritte Lautsprechermeldung: Hurrikan in gerader Linie
auf Mahagonny zu. Drei Minuten entfernt.
Alle starren voller Entsetzen den Pfeil an. Jetzt, eine Mi- 15
nute vor Mahagonny, bleibt der Pfeil stehen. Totenstille.
Dann macht der Pfeil einen schnellen Halbkreis um Ma-
hagonny und läuft weiter.
Lautsprecher: Der Hurrikan hat um die Stadt Mahagonny
einen Bogen gemacht und setzt seinen Weg fort. 20
CHOR: MÄDCHEN, MÄNNER O wunderbare Lösung,
    Die Stadt der Freude ward verschont.
    Die Hurrikane gingen vorüber in großer Höhe
    Und der Tod tritt in die Wasser zurück.
    O wunderbare Lösung! 25
Gardine zu. Schrift: VON NUN AN WAR DER LEIT-
SPRUCH DER MAHAGONNYLEUTE DAS WORT:
»DU DARFST«, WIE SIE ES IN DER NACHT DES
GRAUENS GELERNT HATTEN.

Nr. 13

Neue Schrift: HOCHBETRIEB IN MAHAGONNY, UNGE-
FÄHR EIN JAHR NACH DEM GROSSEN HURRIKAN.
(Die Männer treten an die Rampe und singen)
5 CHOR Erstens vergeßt nicht, kommt das Fressen,
Zweitens kommt die Liebe dran,
Drittens das Boxen nicht vergessen,
Viertens saufen, solang man kann.
Vor allem aber achtet scharf,
10 Daß man hier alles dürfen darf.
*(Die Männer gehen auf die Bühne und beteiligen sich an
den Vorgängen. Gardine auf. Auf dem Hintergrund
steht riesengroß das Wort »ESSEN«. Eine Anzahl von
Männern sitzen jeder an einem Tisch, auf dem viel
15 Fleisch steht. Auch Jim ist dabei. Jack, jetzt der Vielfraß
genannt, sitzt in der Mitte an einem Tisch und ißt unauf-
hörlich. ⌐Seitlich die beiden Musiker.⌐)*
JACK *(der Vielfraß)*
Jetzt hab' ich gegessen zwei Kälber
20 Und jetzt esse ich noch ein Kalb,
Alles ist nur halb,
Ich äße mich gerne selber.
JIM und JACK
Bruder, ist das für dich Glück?
25 Bruder, tue nur nichts halb.
EINIGE MÄNNER ⌐Herr Schmidt!⌐ Sie sind schon dick:
Essen Sie noch ein Kalb.
JACK Brüder, bitt' ich, sehet mir zu,
Sehet mir zu, wie ich ess'.
30 Ist es weg, dann hab' ich Ruh',
Weil ich es vergeß, weil ich es vergeß.
Brüder gebt mir noch!
(Er fällt tot um.)
MÄNNERCHOR *(hinter ihm im Halbkreis, die Hüte abneh-*

mend) ⌜Sehet, Schmidt ist gestorben!⌝
Sehet, welch ein glückseliger,
Sehet welch unersättlicher
Ausdruck auf seinem Gesicht ist!
Weil er sich gefüllt hat, 5
Weil er nicht beendet hat.
Ein Mann ohne Furcht!
(Die Männer setzen die Hüte wieder auf und rufen):
MÄNNERCHOR Zweitens kommt die Liebe dran.
Gardine zu. 10

Nr. 14

*Gardine auf. Auf dem Hintergrund steht riesengroß das
Wort »LIEBEN«. Auf einem Podest ist ein einfaches Zim-
mer aufgebaut. In dem Zimmer sitzt in der Mitte die
Begbick, links ein Mädchen, rechts ein Mann. Unter dem* 15
*Podest auf einer langen Bank sitzen die Männer von Ma-
hagonny, mit dem Rücken gegen das Podest gelehnt. Im
Hintergrund Musik.*
BEGBICK *(wendet sich zu dem Mann neben ihr)*
    Spucke den Kaugummi aus. 20
    Wasche zuerst deine Hände.
    Lasse ihr Zeit
    Und sprich ein paar Worte mit ihr.
DIE MÄNNER *(ohne hinaufzusehen)*
    Spucke den Kaugummi aus. 25
    Wasche zuerst deine Hände.
    Lasse ihr Zeit
    Und sprich ein paar Worte mit ihr.
    (Im Zimmer wird es langsam dunkel.)
DIE MÄNNER ⌜Rasch Jungens, he, 30
    Stimmt ihn an den Song von Mandelay:
    Liebe die ist doch an Zeit nicht gebunden,

Jungens, macht rasch, denn hier geht's um Sekunden.
Ewig nicht stehet der Mond über dir, Mandelay.⌐
(Im Zimmer ist es langsam wieder hell geworden. Der
Stuhl des Mannes ist jetzt leer. Die Begbick wendet sich
zu dem Mädchen.)

BEGBICK Geld allein macht nicht sinnlich.

DIE MÄNNER *(ohne hinaufzusehen)*
Geld allein macht nicht sinnlich.
(Das Zimmer verdunkelt sich wieder.)

DIE MÄNNER Rasch Jungens, he,
Stimmt ihn an den Song von Mandelay:
Liebe die ist doch an Zeit nicht gebunden,
Jungens, macht rasch, denn hier geht's um Sekunden.
Ewig nicht stehet der Mond über dir, Mandelay.
(In dem Zimmer wird es wieder hell. Ein anderer Mann
tritt in das Zimmer ein, hängt seinen Hut an die Wand
und setzt sich auf den leeren Stuhl. Es wird langsam
wieder dunkel im Zimmer.)

DIE MÄNNER
Ewig nicht stehet der Mond über dir, Mandelay.
(Ein innerer Vorhang schließt sich über diesem Bild. Die
Musik im Hintergrund verklingt.)
(Vor dem inneren Vorhang, auf dem immer noch das
Wort »LIEBEN« steht, sitzen Jim und Jenny auf zwei
Stühlen in einigem Abstand nebeneinander. Er raucht;
sie schminkt sich.)

JENNY ⌐Sieh' jene Kraniche in großem Bogen,¬
JIM Die Wolken, welche ihnen beigegeben,
JENNY Zogen mit ihnen schon, als sie entflogen,
JIM Aus einem Leben in ein andres Leben,
JENNY In gleicher Höhe und mit gleicher Eile,
BEIDE Scheinen sie alle beide nur daneben.
JENNY Daß so der Kranich mit der Wolke teile
Den schönen Himmel, den sie kurz befliegen,
JIM Daß also keines länger hier verweile,

JENNY Und keiner andres sehe als das Wiegen
   Des andern in dem Wind, den beide spüren,
   Die jetzt im Fluge beieinander liegen,
JIM So mag der Wind sie in das Nichts entführen,
   Wenn sie nur nicht vergehen und sich bleiben,   5
JENNY So lange kann sie beide nichts berühren,
JIM So lange kann man sie von jedem Ort vertreiben,
   Wo Regen drohen oder Schüsse schallen.
JENNY So unter Sonn' und Monds wenig verschiedenen
                                   Scheiben,   10
   Fliegen sie hin, einander ganz verfallen.
JIM Wohin ihr? *(Jenny)* Nirgendhin. *(Jim)* Von wem
   entfernt? *(Jenny)* Von allen.
BEIDE So sind sie Liebende.
JIM Ihr fragt, wie lange sind sie schon beisammen?   15
JENNY Seit kurzem.
JIM Und wann werden sie sich trennen?
JENNY Bald.
BEIDE So scheint die Liebe Liebenden ein Halt.⌐
   (Gardine zu. Der Männerchor kommt wieder an die   20
   Rampe.)
MÄNNERCHOR
   Erstens, vergeßt nicht, kommt das Fressen,
   Zweitens kommt die Liebe dran,
   Drittens das Boxen nicht vergessen,   25
   Viertens saufen, solang man kann.
   Vor allem aber achtet scharf,
   Daß man hier alles dürfen darf.
   (Gardine auf.)

Die Männer gehen wieder auf die Bühne, wo jetzt vor ei-
nem Hintergrund, auf dem das Wort »KÄMPFEN« *steht,*
ein ⌜Boxring⌝ *hergerichtet wird. Auf einer seitlichen Tri-*
5 *büne spielt eine Blasmusik.*
JOE *(auf einem Stuhl stehend)* Wir, meine Herren,
    Veranstalten hier
    Ein großes Preisboxen,
    Endend nur mit dem K. O.,
10   Und zwar tritt an Dreieinigkeitsmoses
    Gegen mich, den Alaskawolfjoe.

FATTY Was! Du kämpfst mit Dreieinigkeitsmoses?
    Junge! Da reist du besser noch fort!
    Denn das ist beim Teufel kein bloßes
15   Preisboxen, sondern glatter Mord!

JOE Vorläufig bin ich noch nicht gestorben,
    All mein Geld, in Alaska erworben,
    Setze ich heute restlos auf mich!
    Und ich bitte auf mich zu setzen
20   Alle, die mich von Kind auf schätzen.
    Jim, ich rechne besonders auf dich!

    Wer jemals den Kopf über Fäuste gestellt
    Und List über Kraft und klug über roh,
    Jeder vernünftige Mensch setzt sein Geld
25   In diesem Kampf auf Alaskawolfjoe.

CHOR Wer jemals den Kopf über Fäuste gestellt
    Und List über Kraft und klug über roh:
    Jeder vernünftige Mensch setzt sein Geld
    In diesem Kampf auf Alaskawolfjoe.

(Joe ist zu Bill getreten.)

BILL Joe, du stehst mir menschlich nah,
　　Doch um Geld hinauszuwerfen,
　　Ging's mir zu sehr auf die Nerven,
　　Als ich Dreieinigkeitsmoses sah.
　　(Joe geht zu Jim.)
JIM Joe, ich habe dich immer geschätzt,
　　⌐Von der Wiege bis zum Grabe⌐,
　　Drum wird heute auf dich gesetzt,
　　Und zwar alles, was ich habe.

JOE Jim, wenn ich das von dir höre,
　　Steigt Alaska vor mir auf.
　　Die sieben Winter, die großen Kälten
　　Und wie wir beide die Bäume fällten.

JIM Joe, mein alter Freund, ich schwöre,
　　Lieber gäb' ich alles drauf:
　　Die sieben Winter, die großen Kälten,
　　Wie wir zusammen die Bäume fällten.

JIM Wenn ich von Alaska höre,
　　Steigt dein Bild, Joe, vor mir auf.

JOE Dein Geld ist sicher, ich schwöre,
　　Lieber ging ich selber drauf.

*(Der Boxring ist inzwischen aufgebaut. Dreieinigkeits-
moses betritt den Ring.)*

CHOR Dreimal hoch, Dreieinigkeitsmoses!
　　Morgen Moses! Gib ihm Saures!
EINE FRAUENSTIMME *(geschrieen)* Das ist Mord!
DREIEINIGKEITSMOSES Ich bedaur' es!

CHOR Da bedarf's nur eines Stoßes!

SCHIEDSRICHTER *(stellt die Kämpfer vor)*
Dreieinigkeitsmoses zweihundert Pfund,
Alaskawolfjoe hundertsiebzig.

5 EIN MANN *(ruft)* Schund!
(Letzte Vorbereitungen zum Boxkampf.)

JIM *(von unten)* Halloh Joe!

JOE *(grüßt aus dem Ring hinunter)* Halloh Jim!

JIM Schluck' keinen Zahn!

10 JOE Halb so schlimm!
(Der Kampf beginnt.)

CHOR *(gesprochen, abwechselnd)* Los jetzt! Schiebung!
Quatsch! Er nimmt schon!
Vorsicht! Nicht stürzen! Tiefschlag! Nicht halten!

15 Der sitzt! Macht nichts! Lippe gespalten!
Ran Joe! Kunststück! Ja! er schwimmt schon!
(Moses und Joe boxen im Takt.)
Moses, mach' Hackfleisch!
Mach' aus ihm ⌈Haschee⌉!

20 Moses, gib ihm Saures!
Tu ihm etwas weh!
(Joe sinkt zu Boden.)

SCHIEDSRICHTER Der Mann ist tot.
(Großes, anhaltendes Gelächter. Die Menge verläuft
25 *sich.)*

MÄNNER *(im Abgehen)* K. O. ist K. O. Er vertrug nichts
Saures.

SCHIEDSRICHTER Sieger Dreieinigkeitsmoses.

MOSES Ich bedaur' es.

30 BILL *(zu Jim, sie stehen allein im Ring)*
Ich hab' es gesagt,
Jetzt ist er K. O.

JIM *(leise)* Hallo, Joe!
(Gardine zu. Die Männer kommen wieder nach vorne.)

35 CHOR Erstens vergeßt nicht, kommt das Fressen,

Zweitens kommt die Liebe dran,
Drittens das Boxen nicht vergessen,
Viertens saufen, solang man kann.
Vor allem aber achtet scharf,
Daß man hier alles dürfen darf.   5

Nr. 16

Männer wieder auf die Bühne. Gardine auf. Auf dem Hin-
tergrund steht groß: »SAUFEN«. *Die Männer setzen sich,*
legen die Füße auf den Tisch und trinken. Im Vordergrund
spielen Jim, Jenny und Bill Billard.   10

JIM Freunde kommt, ich lade euch ein,
  Daß ihr mit mir trinkt,
  Denn ihr seht, wie leicht kann's sein,
  Daß man wie Joe versinkt.
  Witwe Begbick, eine Runde für die Herrn!   15

MÄNNERCHOR
  Bravo Jimmy! ja warum nicht! aber gern!

JIM, FATTY, BILL, MOSES
  ⌈Wer in Mahagonny blieb,
  Brauchte jeden Tag fünf Dollar,   20
  Und wenn er's besonders trieb,
  Brauchte er vielleicht noch extra.
  Aber damals saßen alle
  In Mahagonnys Pokerdrinksaloon.
  Sie verloren in jedem Falle,   25
  Doch sie hatten was davon.⌉
  Auf der See
  Und am Land
  Werden allen Leuten ⌈ihre Häute abgezogen⌉,
  Darum sitzen alle Leute   30
  Und verkaufen ihre Häute,
  Denn die Häute werden jederzeit mit Dollars
  aufgewogen.

JIM Witwe Begbick, eine zweite Runde für die Herren!

CHOR Bravo Jimmy! Her den Whisky, aber gern!

JIM, FATTY, BILL, MOSES Auf der See
   Und am Land
5 Ist drum der Verbrauch an frischen Häuten ungeheuer.
   Immer beißt es euch im Fleische,
   Doch wer zahlt euch eure Räusche?
   Denn die Häute, die sind billig
   Und der Whisky, der ist teuer.

10 JIM, FATTY, BILL, MOSES
   Wer in Mahagonny blieb, usw.

BEGBICK *(gesprochen)* Aber jetzt bezahlen, meine Herrn!

JIM *(leise zu Jenny)* Jenny, komm her!
   Jenny ich hab' kein Geld mehr.
15 Am besten ist es, wir flieh'n,
   Es ist ganz gleichgültig, wohin!
   (Laut zu allen, auf den Billardtisch zeigend, völlig be-
   trunken.)
   Meine Herrn, besteigen wir diesen Kahn
20 Zu einer kleinen Fahrt auf dem Ozean!
   (Wieder leise.)
   Bleibe unbedingt neben mir, Jenny,
   Denn der Boden schwankt wie bei 'nem Erdbeben,
   Und auch du Billy, bleib bei mir jetzt,
25 Denn ich werde wieder nach Alaska fahren,
   Weil diese Stadt mir nicht gefällt.
   (Laut)
   Heute Nacht noch werde ich zu Schiff nach Alaska
   fahren.
30 *(Alle haben aus einem Billardtisch, einer Storstange**
   und ähnlichem ein »Schiff« gebaut, das nun Jim, Bill
   und Jenny besteigen. Auf dem Hintergrund können jetzt
   filmisch Südseelandschaften vorüberziehen. Jenny, Jim
   und Bill benehmen sich seemännisch auf dem Billard-
35 *tisch.)*

* Eigentl.
Storestange:
Stange zum
Öffnen und
Schließen von
Vorhängen

(Betrunken grölend.)
⌐Der Schnaps in die Toiletten geflossen,
Die rosa Jalousien herab,
Der Tabak geraucht, das Leben genossen,
Wir segeln nach Alaska ab.⌐   5
(Die Männer sitzen unten und amüsieren sich.)

Steuermann,
Schiffsführer
CHOR Hallo, Jimmy, großer Navigator*!
Hallo, seht, wie er schon das Segel bedient,
Jenny zieh dich aus, es wird heiß, der Äquator,
Bill, setz den Hut fest, der Golfstromwind!   10
JENNY O Gott! Ist das nicht ein Taifun dort hinten!
CHOR *(feierlich wie ein Männergesangverein)*
Seht, wie so schwarz
Der Himmel sich dort überzieht!
(Die Männer markieren einen Sturm, indem sie pfeifen 15
und heulen.)
JENNY, JIM *(grölend)*

(franz.) Sofa
Das Schiff, das ist kein Kanapee*!
⌐Stürmisch die Nacht und hoch geht die See.
Das Schiff, es schlingert, die Nacht sinkt weit,   20
Sechs von uns drei haben die Seekrankheit.⌐
CHOR Wie schwarz der Himmel ist,
Seht wie so schwarz …
JENNY *(gesprochen; sich ängstlich am Mast haltend)*
Am besten ist, wir singen: »Stürmisch die Nacht«, um   25
den Mut nicht zu verlieren.
BILL ⌐»Stürmisch die Nacht«⌐ ist vorzüglich, wenn man
den Mut verliert.
JIM Wir wollen für alle Fälle gleich einmal singen.
JENNY, JIM, BILL   30
Stürmisch die Nacht und die See geht hoch,
Tapfer noch kämpft das Schiff.
Horch wie die Glocke so schaurig klingt,
Sehet, dort naht ein Riff!
JENNY *(gesprochen)* Fahrt rascher und fahrt sehr vorsich- 35

tig. Segelt unter keinen Umständen gegen den Wind und
versucht jetzt nichts Neues.

MÄNNERCHOR Hört nur,
Hört, wie der Wind in den ⌐Rahen⌐ braust.

5 Seht nur,
Seht, wie der Himmel sich schwarz überziehet!

BILL *(gesprochen)* Sollen wir uns nicht am Mast anbinden,
wenn der Sturm noch heftiger wird?

JIM Nein, was da so schwarz ist, meine Freunde,

10 Das sind die Wälder von Alaska.
Jetzt steigt aus,
Jetzt könnt ihr ruhig sein.
(Er steigt aus und ruft.)
Hallo, ist das Alaska?

15 MOSES *(taucht neben ihm auf)* Gib das Geld her für die
Getränke!

JIM *(tief enttäuscht)* Ach, es ist Mahagonny!
(Die Männer kommen mit Gläsern nach vorn.)

MÄNNERCHOR Jimmy, du hast uns zu trinken gegeben,

20 Jimmy, dafür lassen wir dich leben.
Du hast uns gespeist und hast uns getränkt*,   Vgl. Matth.
Du hast uns Speise und Trank geschenkt.   25,35.

BEGBICK So und jetzt bezahle, Mann!

JIM Ja, Witwe Begbick, da merke ich eben,

25 Daß ich Sie gar nicht bezahlen kann.
Ich habe mein Geld, scheint's, ausgegeben.

BEGBICK Was, du willst nicht bezahlen?

JENNY Jim, schau doch noch einmal nach.
Irgendwo hast du sicher noch was.

30 JIM Als ich eben mit euch sprach ...

MOSES Was, der Herr hat keine Moneten?
Was, der Herr will nicht bezahlen?
Wissen Sie, was das bedeutet?

FATTY Mensch, da bist du abgeläutet*.   Ugs. für: abge-
                                                       meldet, unten
35 *(Alle außer Bill und Jenny sind von ihm abgerückt.)*   durch sein

BEGBICK *(zu Bill und Jenny)* Könnt ihr denn nicht für ihn

Für jmd.
einspringen,
eintreten

in die Bresche treten*?

(Bill geht stumm weg.)

Und du, Jenny?

JENNY Ich?   5

BEGBICK Ja, warum denn nicht?

JENNY Lächerlich!

Was wir Mädchen alles sollen!

BEGBICK Das kommt also nicht in Frage für dich?

JENNY Nein, wenn Sie es wissen wollen.   10

MOSES Bindet ihn!

*(Während Jenny, an der Rampe auf und ab gehend, ihr
Lied singt, wird Jim gefesselt.)*

JENNY

1.   15

⌐Meine Herren, meine Mutter prägte⌐

Auf mich einst ein schlimmes Wort:

Leichen-
schauhaus

Ich würde enden im Schauhaus*

Oder an einem noch schlimmern Ort.

Ja, so ein Wort, das ist leicht gesagt.   20

Aber ich sage euch: daraus wird nichts!

Das könnt ihr nicht machen mit mir!

Was aus mir noch wird, das werden wir seh'n!

Ein Mensch ist kein Tier!

Denn wie man sich bettet, so liegt man,   25

Es deckt einen keiner da zu,

Und wenn einer tritt, dann bin ich es,

Und wird einer getreten, dann bist du's.

2.

Meine Herren, mein Freund, der sagte   30

Mir damals ins Gesicht:

»Das Größte auf Erden ist Liebe«

Und »an morgen denkt man nicht«.

Ja, Liebe, das ist leicht gesagt;

Doch, solang' man täglich älter wird,   35

Da wird nicht nach Liebe gefragt,
Da muß man seine kurze Zeit benützen.
Ein Mensch ist kein Tier!
Denn wie man sich bettet, so liegt man,
5 Es deckt einen keiner da zu,
Und wenn einer tritt, dann bin ich es.
Und wird einer getreten, dann bist du's.
MOSES Hallo, Leute, da steht ein Mann,
Der seine Zeche nicht bezahlen kann.
10 Frechheit, Unverstand und Laster!
Und das schlimmste ist: kein Zaster!
(Jim wird abgeführt.)
Da steht natürlich Hängen drauf,
Doch meine Herren, halten Sie sich nicht auf!
15 *(Alle nehmen wieder ihre Plätze ein. Es wird weiter ge-*
trunken und Billard gespielt.)
MÄNNERCHOR Wer in seinem ⌐Kober¬ bleibt,
Braucht nicht jeden Tag fünf Dollar,
Und falls er nicht unbeweibt,
20 Braucht er auch vielleicht nichts extra.
Aber heute sitzen alle
In des lieben Gottes billigem Salon.
Sie gewinnen in jedem Falle,
(Sie stampfen mit den Füßen den Takt)
25 Doch sie haben nichts davon.
(Sie brechen ab und legen ruhig wieder ihre Beine auf die
Tische.)
(Die Männer springen auf und ziehen singend an der
Rampe vorbei nach hinten ab.)
30 CHOR Erstens, vergeßt nicht, kommt das Fressen,
Zweitens kommt die Liebe dran,
Drittens das Boxen nicht vergessen,
Viertens saufen, solang man kann.
Vor allem aber achtet scharf,
35 Daß man hier alles dürfen darf.

Nr. 17

Jim liegt, mit einem Fuß an einen Baum gefesselt, im Wald.
Es ist Nacht.

JIM Wenn der Himmel hell wird,
   Dann beginnt ein verdammter Tag.   5
   Aber jetzt ist der Himmel ja noch dunkel.
   Nur die Nacht
   Darf nicht aufhören,
   Nur der Tag
   Darf nicht sein.   10
   Ich habe Furcht, daß sie schon kommen.
   Ich muß mich auf den Boden legen,
   Wenn sie da sind.
   Sie müssen mich vom Boden reißen,
   Wenn ich mitgehen soll.   15
   Nur die Nacht
   Darf nicht aufhören,
   Nur der Tag darf nicht sein.
   Stopf's in deine Pfeife,
   Alter Junge,   20
   Rauch' es auf.
   Was gewesen ist,
   War gut genug für dich
   Und was jetzt kommt,
   Stopf's in deine Pfeife.   25
   Sicher, der Himmel bleibt noch lange dunkel.
   (Es wird hell.)
   Es darf nicht hell sein,
   Denn dann beginnt ein verdammter Tag.

   (Vorhang langsam.)   30
   Schluß des zweiten Aktes.

Dritter Akt

Nr. 18

Gardine auf. Gerichtszelt. Eine Estrade* mit einem Tisch (franz.)
und drei Stühlen sowie ein kleiner eiserner ⌐amphithea- Podium,
5 *tralischer Aufbau in der Art chirurgischer Kliniken⌐. Auf* Tribüne
ihm das Publikum, Zeitung lesend, kauend, rauchend. Auf
dem Richterstuhl die Begbick, auf dem Verteidigersitz
Fatty, auf der seitlichen Anklagebank ein Mann, Tobby
Higgins.

10 DREIEINIGKEITSMOSES *(als Staatsanwalt am Eingang)*
Haben alle Zuschauer Billette*? (franz.)
Drei Plätze sind noch frei, das Stück fünf Dollar. Eintrittskarten
Zwei ausgezeichnete Prozesse,
Fünf Dollar kostet das Billet.
15 Fünf Dollar nur, meine Herren,
Um die Gerechtigkeit sprechen zu hören.
(Da niemand kommt, kehrt er an den Platz des Staats-
anwaltes zurück.)
MOSES Erstens der Fall des Tobby Higgins.
20 *(Der Mann auf der Anklagebank steht auf.)*
Sie sind angeklagt des vorsätzlichen Mordes
Zwecks Erprobung eines alten Revolvers.
Niemals je
Wurde eine Tat verübt
25 So voller Roheit.
Jedes menschliche Empfinden
Haben schamlos Sie verletzt.
Aus dem Herzen der beleidigten Gerechtigkeit
Erhebt sich der Schrei nach Sühne.
30 Darum beantrage ich, der Staatsanwalt,
Wegen der verstockten Haltung dieses Angeklagten,
Eines Menschen von unglaublicher Verworfenheit,
Der Gerechtigkeit freien Lauf zu lassen

(zögernd)
Und ihn – – –
Unter Umständen – – –
Freizusprechen!
(Während dieser Rede des »Staatsanwaltes« findet zwi- 5
schen dem Angeklagten und der Begbick ein stummer
verzweifelter Kampf statt. Der Angeklagte hat durch
Aufheben seiner Finger zu verstehen gegeben, wieviel
Bestechung er zu zahlen bereit ist. Auf die gleiche Weise
hat die Begbick sein Angebot immer höher getrieben. 10
Das Zögern am Schluß der Staatsanwaltrede zeigt den
Punkt an, wo der Angeklagte sein Angebot zum letzten-
mal erhöht.)
BEGBICK Was beantragt die Verteidigung?
FATTY Wer ist der Geschädigte? 15
(Schweigen.)
MÄNNER *(Zuschauer auf der Tribüne)*
Die Toten reden nicht.
BEGBICK Wenn sich kein Geschädigter meldet,
Müssen wir ihn notgedrungen freisprechen. 20
(Der Angeklagte geht auf die Zuschauertribüne.)
MOSES *(liest weiter)*
Zweitens der Fall des Jimmy Mahoney,
Angeklagt des Diebstahls und der ⌐Zechprellerei⌐.
(Jim ist in Fesseln erschienen, von Bill geleitet. Bevor er 25
sich auf die Anklagebank setzt):
JIM Bitte, Billy, gib mir hundert Dollar,
Daß mein Fall hier menschlich durchgeführt wird.
BILL Jim, du stehst mir menschlich nah,
Aber Geld ist eine andre Sache. 30
JIM Bill! Erinnerst du dich noch
An unsere Zeit dort in Alaska?
Die sieben Winter,
Die großen Kälten,
Wie wir zusammen 35

Die Bäume fällten,
Und gib mir das Geld.
BILL Jim, ich erinnere mich noch
An unsere Zeit dort in Alaska.
5 Die sieben Winter,
Die großen Kälten,
Und wie wir beide
Die Bäume fällten,
Und wie schwer es war,
10 Das Geld zu verdienen,
Drum kann ich, Jimmy, dir
Das Geld nicht geben.
MOSES Angeklagter, Sie haben Ihren Whisky
Und eine Storstange nicht bezahlt.
15 Niemals je
Wurde eine Tat verübt
So voller Roheit,
Jedes menschliche Empfinden
Haben schamlos Sie verletzt.
20 Aus dem Herzen der beleidigten Gerechtigkeit
Erhebt sich der Schrei nach Sühne.
Darum beantrage ich, der Staatsanwalt,
Der Gerechtigkeit freien Lauf zu lassen.
(Während der Rede des Staatsanwaltes ist Jim auf das
25 *Fingerspiel der Begbick nicht eingegangen.)*
(Begbick, Fatty und Moses tauschen bedeutsame Blicke
aus.)
BEGBICK So, dann eröffne ich das ⌐Generalverhör⌐
Gegen dich, Jimmy Mahoney!
30 Du hast, kaum angelangt in Mahagonny,
Ein Mädchen verführt, namens Jenny Smith,
Und sie gezwungen, für Geld
Sich dir hinzugeben.
FATTY Wer ist der Geschädigte?
35 JENNY *(tritt vor)* Ich bin es.
(Ein Murmeln unter den Zuschauern.)

BEGBICK Bei dem Heraufkommen des Taifuns
  Hast du in der Stunde der Verzweiflung
  Ein Lied gesungen, das lustig war.
FATTY Wer ist der Geschädigte?
MÄNNER Es meldet sich kein Geschädigter.   5
CHOR Es gibt gar keinen Geschädigten,
  Wenn es keinen Geschädigten gibt,
  Gibt es eine Hoffnung für dich, Jimmy Mahoney.
MOSES *(unterbrechend)* Aber in der gleichen Nacht
  Hat dieser Mensch sich aufgeführt   10
  Wie der Hurrikan selbst,
  ⌐Und hat verführt die ganze Stadt
  Und vernichtet Ruhe und Eintracht!⌐
CHOR *(ruft)* Bravo, hoch Jimmy!
BILL *(auf der Tribüne sich erhebend)*   15
  Dieser einfache Holzfäller aus Alaska
  Hat entdeckt die Gesetze der Glückseligkeit,
  Nach der ihr alle lebt in Mahagonny,
  Ihr Männer von Mahagonny.
CHOR Darum muß freigesprochen werden Jimmy Maho-   20
  ney,
  Der Holzfäller aus Alaska.
BILL Jim, das tue ich für dich,
  Weil ich denke an Alaska.
  Die sieben Winter,   25
  Die großen Kälten,
  Wie wir zusammen
  Die Bäume fällten.
JIM Bill, was du hier für mich tatest,
  Das erinnert mich an Alaska.   30
  Die sieben Winter,
  Die großen Kälten
  Und wie wir beide
  Die Bäume fällten.
MOSES *(haut auf den Tisch)*   35

Aber bei einem Preisboxen
Hat dieser »einfache Holzfäller aus Alaska«,
Nur, um viel Geld zu gewinnen,
Seinen Freund in den sichern Tod gehetzt.

5 BILL *(springt auf)* Aber wer, hoher Gerichtshof,
Aber wer hat den Freund totgeschlagen?

BEGBICK *(gesprochen)* Wer hat besagten Alaskawolfjoe
totgeschlagen?

MOSES *(nach einer Pause)* Dies ist dem Gerichte nicht be-
10 kannt.

BILL Von allen, die herumgestanden sind,
Hat keiner auf ihn gesetzt,
Der sein Leben für einen Kampf gab,
Außer Jimmy Mahoney, der vor euch steht.

15 CHOR *(abwechselnd)*
Darum muß hingerichtet werden Jimmy Mahoney,
Darum muß freigesprochen werden Jimmy Mahoney,
Der Holzfäller aus Alaska.
(Chor klatscht und pfeift.)

20 MOSES Jetzt kommt der Hauptpunkt der Anklage.
Du hast genossen drei Flaschen Whisky
Und dich unterhalten mit einer Storstange,
Aber warum, Jimmy Mahoney,
Hast du nicht bezahlt, was es kostete?

25 JIM Ich habe kein Geld.

CHOR Er hat kein Geld,
Er bezahlt nicht, was es kostet.

MÄNNER Nieder mit Jimmy Mahoney,
Nieder mit ihm.

30 BEGBICK Wer aber sind die Geschädigten?
(Begbick, Fatty und Moses stehen auf.)

CHOR Sehet, da stehen die Geschädigten.
Das also sind die Geschädigten.

FATTY Das Urteil, hoher Gerichtshof!

35 BEGBICK Du, Jimmy Mahoney, wirst verurteilt,

(Auf dem Hintergrund erscheint als Projektion der Steckbrief vom Anfang.)

MOSES Wegen indirektem Mord an einem Freund –

BEGBICK Zu zwei Tagen Haft.

MOSES Weil du Ruhe und Eintracht gestört hast – 5

BEGBICK Zu zwei Jahren Ehrverlust.

MOSES Wegen Verführung eines Mädchens namens Jenny –

BEGBICK Zu vier Jahren Zuchthaus.

MOSES Wegen Singens verbotener Lieder bei Hurrikan. 10

BEGBICK Zu zehn Jahren Kerker.

    Aber weil du meine drei Flaschen Whisky
    Und meine Storstange nicht bezahlt hast,
    Darum wirst du zum Tode verurteilt, Jimmy Mahoney.

BEGBICK, FATTY, MOSES 15
    Wegen Mangel an Geld,
    Was das größte Verbrechen ist,
    Das auf dem Erdenrund vorkommt.
    (Beifallstosen.)
    Gardine zu. Schrift: ZU DIESER ZEIT GAB ES IN MA- 20
HAGONNY SCHON VIELE, DIE SICH NACH EINER
ANDEREN, BESSEREN STADT, NACH ⌜BENARES⌝
SEHNTEN, ABER BENARES WURDE DAMALS VON
EINEM ERDBEBEN HEIMGESUCHT.

Nr. 19 25

Vor der Gardine erscheinen: Jenny, Begbick, Fatty, Bill, Moses und Tobby Higgins. Sie sitzen auf hohen Barstühlen und trinken Eiswasser. Die Männer lesen die Zeitung.

1.

JENNY ⌜There is no whisky in this town⌝, 30
    There is no bar to sit us down.

DIE 4 MÄNNER Oh!

JENNY Where is the telephone?
　　Is here no telephone?
MOSES Oh Sir, God damn me,
　　No!
5　ALLE Let's go to Benares
　　Where the sun is shining,
　　Let's go to Benares,
　　Johnny let us go.
　　2.
10　JENNY There is no money in this land.
　　There is no boy to shake with hands.
DIE 4 MÄNNER Oh!
JENNY Where is the telephone?
　　Is here no telephone?
15　MOSES Oh Sir, God damn me,
　　No!
ALLE Let's go to Benares
　　Where the sun is shining,
　　Let's go to Benares,
20　Johnny let us go.
　　3.
JENNY There is not much fun on this star
　　There is no door that is ajar*.　　　　　　(engl.)
DIE 4 MÄNNER Oh!　　　　　　　　　　　　(halb)offen
25　JENNY Where is the telephone?　　　　　　　stehen
　　Is here no telephone?
MOSES Oh Sir, God damn me,
　　No!
　　(Die Männer entdecken in den Zeitungen die Nachricht
30　*von dem Erdbeben in Benares. Alle springen auf.)*
ALLE Worst of all, Benares
　　Is said to have been perished in an earth-quake.
　　Oh where shall we go!
　　Die Sechs ab. Schrift: HINRICHTUNG UND TOD DES
35　JIMMY MAHONEY. VIELE MÖGEN DIE NUN FOL-

GENDE HINRICHTUNG DES JIMMY MAHONEY UN-
GERN SEHEN. ABER AUCH SIE, MEIN HERR, WÜR-
DEN UNSERER ANSICHT NACH NICHT FÜR IHN
ZAHLEN WOLLEN. SO GROSS IST DIE ACHTUNG
VOR GELD IN UNSERER ZEIT.   5

Nr. 20

*Gardine auf. Im Hintergrund eine Projektion, darstellend
die Gesamtansicht von Mahagonny in friedlicher Beleuch-
tung. Herumstehend, in einzelnen Gruppen, viele Leute.
Wenn Jim, geleitet von Moses, Jenny und Bill, erscheint,*   10
*nehmen die Männer die Hüte ab. Rechts ist man mit der
Herrichtung des elektrischen Stuhles beschäftigt.*
MOSES *(gesprochen, zu Jim)* Grüße!
 Siehst du nicht, daß du gegrüßt wirst?
 (Jim grüßt.)   15
MOSES Erledige deine irdischen Angelegenheiten jetzt
 gleich,
 Denn die Herren, die deinem Untergang beizuwohnen
 wünschen,
 Wollen deine Privatangelegenheiten nicht wissen.   20
JIM Liebe Jenny,
 Ich gehe jetzt.
 Die Tage, mit dir verlebt,
 Waren angenehm,
 Und angenehm   25
 War das Ende.
JENNY Lieber Jimmy,
 Auch ich habe meine gute Zeit gehabt
 Mit dir,
 Und ich weiß nicht,   30
 Wie es jetzt mit mir wird.
JIM Glaube mir,
 Solche wie ich gibt es noch mehr.

JENNY Das ist nicht wahr.
   Ich weiß, solche Zeit kommt niemals wieder.
JIM *(gesprochen, leise und einfach)*
   Hast du nicht sogar ein ⌜weißes Kleid⌝ an
5 Wie eine Witwe?
JENNY *(ebenso)* Ja. Ich bin deine Witwe.
   Und nie werde ich dich vergessen,
   Wenn ich jetzt zurückkehre
   Zu den Mädchen.
10 JIM Küsse mich, Jenny.
JENNY Küsse mich, Jimmy.
JIM Denk' an mich.
JENNY Sicherlich.
JIM Nimm mir nichts übel.
15 JENNY Warum denn?
JIM Küsse mich, Jenny.
JENNY Küsse mich, Jimmy.
JIM Und jetzt empfehle ich dich
   Meinem letzten Freund Billy,
20 Der der einzige ist,
   Der von uns übrig blieb,
   Die wir aus Alaska kamen.
BILL *(nimmt Jenny in den Arm)* Leb' wohl, Jimmy.
JIM Leb' wohl, Billy!
25 *(Sie gehen zum Richtplatz. An ihnen vorüber gehen ei-*
   nige Männer, die zueinander sagen:
   Erstens, vergeßt nicht, kommt das Fressen,
   Zweitens kommt die Liebe dran,
   Drittens das Boxen nicht vergessen,
30 Viertens saufen, solang man kann.
   (Jim ist stehen geblieben und sieht ihnen nach.)
MOSES Hast du noch etwas zu sagen?
JIM Ja. Ich wünsche, daß ihr alle euch durch meinen
   schrecklichen Tod nicht abhalten laßt, zu leben, wie es
35 euch paßt, ohne Sorge. Denn auch ich bereue nicht, daß
   ich getan habe, was mir beliebt. Hört meine Anweisung:

(Er steht vor dem elektrischen Stuhl, und während man ihn zur Hinrichtung vorbereitet, singt er):
⌜Laß[t] euch nicht verführen⌝,
Es gibt keine Wiederkehr.
Der Tag steht vor den Türen,   5
Ihr könnt schon Nachtwind spüren,
Es kommt kein Morgen mehr.

Laßt euch nicht betrügen,
Daß Leben wenig ist.
Schlürft es in vollen Zügen,   10
Es kann euch nicht genügen,
Wenn ihr es lassen müßt.

Laßt euch nicht vertrösten,
Ihr habt nicht zu viel Zeit,
Laßt Moder den Verwesten,   15
Das Leben ist am größten,
Es steht nicht mehr bereit.

Laßt euch nicht verführen,
Zu Fron und Ausgezehr*,
Was kann euch Angst noch rühren,   20
Ihr sterbt mit allen Tieren,
Und es kommt nichts nachher.
(Jim sitzt auf dem elektrischen Stuhl. Man stülpt ihm den Helm über.)

MOSES Fertig!   25
(Licht aus. Gardine zu.)
Sofort treten vor die Gardine: Jenny, Fatty, Billy, Moses und Tobby Higgins.

Unerträgliche, entkräftende Arbeit

FATTY, BILL, HIGGINS An einem grauen Vormittag,
  Mitten im Whisky,
  Kam Gott nach Mahagonny,
5 Mitten im Whisky
  Bemerkten wir Gott in Mahagonny.
MOSES *(der die Rolle Gottes spielt, sondert sich von den*
  übrigen ab, tritt nach vorn und bedeckt sein Gesicht mit
  dem Hut)
10 Sauft ihr wie die Schwämme
  ⌜Meinen guten Weizen⌝ Jahr für Jahr?
  Keiner hat erwartet, daß ich käme,
  Wenn ich komme jetzt, ist alles gar?
JENNY Ansahen sich die Männer von Mahagonny,
15 Ja, sagten die Männer von Mahagonny.
FATTY, BILL, HIGGINS An einem grauen Vormittag,
  Mitten im Whisky,
  Kam Gott nach Mahagonny,
  Mitten im Whisky
20 Bemerkten wir Gott in Mahagonny.
MOSES Lachtet ihr am Freitag abend,
  Mary Weeman sah ich ganz von fern,
  Wie 'nen Stockfisch* stumm im Salzsee schwimmen,
  Die wird nicht mehr trocken, meine Herrn.
25 JENNY Ansahen sich die Männer von Mahagonny,
  Ja, sagten die Männer von Mahagonny.
FATTY, BILL, HIGGINS *(sie tun, als hätten sie nichts gehört)*
  ⌜An einem grauen Vormittag⌝,
  Mitten im Whisky,
30 Kam Gott nach Mahagonny,
  Mitten im Whisky
  Bemerkten wir Gott in Mahagonny.
MOSES Kennt ihr diese Patronen?
  Schießt ihr meinen guten Missionar?

Ugs. für:
stummer bzw.
wenig gesprä-
chiger Mensch

Soll ich wohl mit euch im Himmel wohnen?
Sehen euer graues Säuferhaar?
JENNY Ansahen sich die Männer von Mahagonny,
Ja, sagten die Männer von Mahagonny.
FATTY, BILL, HIGGINS *(suchen ihn abzulenken)*   5
An einem grauen Vormittag,
Mitten im Whisky,
Kam Gott nach Mahagonny,
Mitten im Whisky
Bemerkten wir Gott in Mahagonny.   10
MOSES Gehet alle zur Hölle!
Steckt jetzt die ⌜Virginien⌝ in den Sack!
Marsch mit euch in meine Hölle, Burschen!
In die schwarze Hölle mit euch, Pack!
JENNY Ansahen sich die Männer von Mahagonny,   15
Ja, sagten die Männer von Mahagonny.
FATTY, BILL, HIGGINS An einem grauen Vormittag,
Mitten im Whisky,
Kommst du nach Mahagonny,
Mitten im Whisky   20
Fängst an du in Mahagonny.
Rühre keiner den Fuß jetzt!
Jedermann streikt.
An den Haaren kannst du uns nicht in die Hölle ziehen,
Weil wir immer in der Hölle waren.   25
JENNY *(ruft durchs Megaphon)*
Ansahen Gott die Männer von Mahagonny,
Nein, sagten die Männer von Mahagonny.
FATTY, BILL, HIGGINS
Ansahen Gott die Männer von Mahagonny,   30
Nein, sagten die Männer von Mahagonny.
(Alle ab.)
Schrift: IN DIESEN TAGEN FANDEN IN MAHA-
GONNY RIESIGE DEMONSTRATIONEN GEGEN DIE
UNGEHEURE TEUERUNG STATT, DIE DAS ENDE   35

DER NETZESTADT ANKÜNDIGTEN. BEI DIESEN
UMZÜGEN TRUGEN DIE MÄNNER DIE LEICHE
JIMMY MAHONEYS MIT SICH.

Gardine auf. Man sieht im Hintergrund das brennende
Mahagonny. Vorn stehen die Begbick, Fatty und Moses
und singen: »Aber dieses ganze Mahagonny ...« Dann
setzen die Demonstrationszüge ein, die bis zum Schluß
andauern.

FATTY Aber dieses ganze Mahagonny
War nur, weil alles so schlecht ist,
Weil keine Ruhe herrscht
Und keine Eintracht,
Und weil es nichts gibt,
Woran man sich halten kann.

EINE GRUPPE MÄNNER *(erscheint. Sie tragen auf leinenem*
Kissen Hut und Stock Jims)
Wir brauchen keinen Hurrikan,
Wir brauchen keinen Taifun,
Denn was er an Schrecken tuen kann,
Das können wir selber tun.

EINE ZWEITE GRUPPE MÄNNER *(erscheint. Sie tragen Ring,*
Uhr, Revolver und Scheckbuch Jims)
Denn wie man sich bettet, so liegt man,
Es deckt einen keiner da zu.
Und wenn einer tritt, dann bin ich es,
Und wird einer getreten, dann bist du's.

EINE GRUPPE MÄDCHEN MIT JENNY *(erscheint. Sie tragen*
das Hemd Jims)
Oh, moon of Alabama,
We now must say Good bye,
We've lost our good old mamma
And must have dollars, oh, you know why.

BILL *(erscheint an der Spitze eines Zuges von Männern)*
Können ihm Essig holen[*],   Vgl. Matth.
Können sein Gesicht abreiben,   27,47.

Können die Beißzange holen,
Können ihm die Zunge herausziehen,
Können einem toten Mann nicht helfen.
MOSES *(ebenfalls mit einem Zug)*
Können ihm zureden,
Können ihn anbrüllen,
Können ihn liegen lassen,
Können ihn mitnehmen,
Können einem toten Mann keine Vorschriften machen.
(Bei der Wiederholung beide Züge)
Können einem toten Mann nicht helfen.
*(Es werden Tafeln getragen. Die Inschriften lauten un-
gefähr:*
1. Tafel: Für die natürliche Ordnung der Dinge.
2. Tafel: Für die natürliche Unordnung der Dinge.
3. Tafel: Für die Freiheit der reichen Leute.
4. Tafel: Für die Freiheit aller Leute.
*5. Tafel: Für die ungerechte Verteilung der irdischen Gü-
ter.*
*6. Tafel: Für die gerechte Verteilung der überirdischen
Güter.)*
BEGBICK *(erscheint mit einem dritten Zug. Man trägt die
Leiche Jims)*
Können ihm Geld in die Hand drücken,
Können ihm ein Loch graben,
Können ihn hineinstopfen,
Können ihm die Schaufel hinaufhau'n,
Können einem toten Mann nicht helfen.
DIE DREI ZÜGE *(zusammen)*
Können einem toten Mann nicht helfen.
(Eine Riesentafel: Für den Fortbestand des ⌐goldenen
Zeitalters⌐.)
FATTY *(erscheint mit dem vierten Zug)*
Können wohl von seinen großen Zeiten reden,
Können auch seine große Zeit vergessen.

Können ihm ein saub'res Hemd anzieh'n,
Können einem toten Mann nicht helfen.
(Endlose Züge in ständiger Bewegung.)
ALLE Können uns und euch und niemand helfen.

5   *(Vorhang fällt.)*

Ende der Oper

Anhang

Selbstaussagen Bertolt Brechts zu
Aufstieg und Fall der Stadt Mahagonny

[Autobiographische Notizen]

Juli 24
5 Pläne:
[…]
»Mahagonny-Oper« .... Mar[ianne Zoff]
[…]

(GBA 26, S. 279)

10 [SKIZZE ZU *Mahagonny*]

1) Zu unserer Zeit gibt es in den großen Städten viele, denen es nicht mehr gefällt.
2) Macht euch also auf nach Mahagonny, der Goldstadt,
die fern vom Verkehr der Welt an der Küste des Trostes
15 liegt!
3) Hier in Mah. ist das Leben schön.
4) Aber sogar in Mah. gibt es Stunden des Ekels, der Hilf-
losigkeit u. der Verzweiflung.
5) Hier hört man die Männer von M. antworten auf die
20 Frage Gottes, warum sie sündhaft leben.
6) Vor euren Augen fällt das schöne Mah. in nichts zusammen.
(Aus: *Das Neue Forum.* 7 [Darmstadt 1957/58], S. 88, zit. n.:
Hennenberg/Knopf, S. 103. Eine Datierung des als Faksimile-
25 Druck wiedergegebenen Autographs fehlt. Laut Auskunft des
BBA könnte es von 1927 stammen. Hennenberg/Knopf stufen
das Autograph als »erste« Skizze zu Mahagonny ein, die demnach aus dem ersten Halbjahr 1924 – oder früher – stammen
müsste. Dafür fehlen jedoch Belege.)

AUF NACH MAHAGONNY!!

Erstklassiges Etablissement/Jazzband/Rote Beleuchtung
I
Irma vor einem drehbaren Stehspiegel, pudert sich, hört
auf die Musik im Hintergrund und es singt eine Kabarett- 5
diva parodierend den Schlager, und dann leert sie ihre
Strümpfe und zählt ungeheuer viel Scheine, bis sie ganz
dünne Beine hat. Dabei wird sie überrascht von
BETTY
Irma. 10
IRMA *schreit auf:*
Du bist's, ich dachte, es sei eine Devisenrazzia.
BETTY
Irma, sei kein Unmensch, sei nicht so irrsinnig egoistisch
Ich muß sie wieder haben. 15
IRMA
Was?
BETTY
Tu doch nicht, als ob du nichts ahntest   Du bohrst mir
da 20
Einfach einen Dolch ins Herz. Ich hätte sie dir nie im
Leben
Gegeben, wenn ich nicht so aufgeregt gewesen wäre,
weil
Die blutige Marie mit 485 verkauft hat   Irma, 25
Kindchen
Du könntest bestimmt keiner Fliege ein Leid antun und
mich
Treibst du kalt ins Wasser   Ich bin schon so zerstreut,
daß 30
Ich beim Geschäft immerfort rechne, und die Herrn
vermissen
Dann natürlich jede Spur von echter Hingebung
Wunder!
Gib sie mir wieder, Irmachen. 3

IRMA

Das kann ich nicht.

BETTY

Das kann nicht dein Ernst sein, schau, Irmchen   so bist
5   du nicht

Du bist das beste Herzchen, das es gibt   alle andern im
Etablissement können dir nicht mal bis zum Nabel in
der Hinsicht

Du weißt gar nicht, wie gut du bist   Siehst du, ich
10   verzeihe

Dir ja auch, daß du sie vier Tage behalten hast   Du
gibst sie

Mir mit einem netten Kuß wieder und nichts mehr auf
der Welt

15   Kann uns trennen   Außerdem gebe ich dir dann auch
einen

Prima Tipp, Irma.

IRMA

Laß lieber, küssen kannst du mich so viel du willst, wenn
20   Ich Zeit habe   Aber davon laß die Finger, nicht? Wiege
dich

Nicht in Hoffnungen, die sich nie, hörst du, nie erfüllen
können   Geschäft ist Geschäft. Meinst du, ich hab
mir das Geld

25   Mit »Eia popeia« verdient.

BETTY

Wenn du wüßtest, wie ich sie verdient habe   Er ist vor
mir

Auf den Knieen gelegen und hat mich mit gerungenen
30   Händen

Angefleht, ihm die Badische Anilin nur noch zwei Tage
zu lassen, und er hat nachher geweint wie ein Kind,
als er den Kurs

Zu Augen kriegte   Das ist meine Strafe dafür, daß ich
35   so

Hart war, nicht die Montanwerke zu nehmen, die doch
  ganz sicher
Sind, aber ich war ja wie mit Blindheit geschlagen, und
  jetzt
Nimmst du sie mir weg, und ich habe eine Schlange an   5
  meinem Busen genährt.

IRMA

Ja, aber jetzt ziehst du ab, was   mir noch mit
Unverschämtheiten zu kommen für meine Güte
  vierzig Prozent Bankspesen   10
Ist das nichts, und jedes Telefongespräch extra bezahlt
  in diesem Etablissement.

(BBA 329/69. In einem Zeitungsbeitrag, der im Juni 1930 in
Berlin erschien, erinnerte sich Weill an eine Unterredung zwischen Brecht und ihm im März 1927, »in deren Verlauf Brecht   15
einen ausführlichen Plan der Oper entwarf, der bereits die we-
sentlichsten Elemente der Oper enthielt. Zu dieser Zeit lagen
bereits Skizzen und Szenen-Entwürfe zu einem Stück *Auf nach
Mahagony* vor.«; zit. n.: Hennenberg/Knopf, S. 284. Vermutlich war ebendieser Szenenentwurf damit gemeint, der jedoch   20
später nicht in der Oper *Mahagonny* verwendet wurde.)

[FRAGMENT EINER FASSUNG DER 1. SZENE]

werden wir etwas verkaufen. Stellt den Bartisch auf
  unter dem Gummibaum dort!

JENNY   25

Aber wenn doch niemand da ist, dem wir das Fell
Abziehen, und wenn wir nicht hindürfen, wo solche
Sind!

BEGB[ICK]

Dann müssen solche herkommen. Ihr Dummköpfe!   30
                              Das ist ganz
Einfach. – Wenn ich euch Männer sehe, dann

Denke ich, daß ihr Scheißhaufen seid, die
Nicht leiden wollen. Also wollen wir
Hier an dieser Stelle, wo nichts ist, eine
Stadt gründen und sie Mahagonny heißen
5   Das heißt auf deutsch: Goldstadt. Wenn
Der Boden kein Brot gibt: Gin und Whisky
Wird hier sein. Frauen und Knaben
Barstühle und Tabak. Und die großen
Taifune kommen nicht bis hierher! Denn
10   Das Recht der Männer ist: Bei den Frauen
Schlafen und denken, aber ihre Pflicht ist:
Zu zahlen. Mein Geschäft also ist:
Daß es auf Erden zu wenig Spaß für einen
Gibt! Hänge also an diesen Gummibaum
15   Dieses Stück Leinen, daß die Schiffe, die
Von der Goldküste hier vorbeifahren, uns
(BBA 524/124–125; zit. n.: Hennenberg/Knopf, S. 105 f.; ver-
mutlich Herbst 1927)

20   [FRAGMENT EINER FASSUNG DER 20. SZENE]

JENNI
Und damit du erkennst, daß
Ich eine gute Frau bin, sieh die Träne in
Meinem Auge, die ich vergossen habe, und höre
25   Mein Versprechen, daß ich keinen Mann haben werde
Zwei Tage lang, wie es vorgeschrieben ist für die Witwen
In den Städten des Kontinents.
(BBA 331/47; zit. n.: Hennenberg/Knopf, S. 106; vermutlich
Herbst 1927)

Notizen und Entwürfe zu den *Anmerkungen zur Oper*
»Aufstieg und Fall der Stadt Mahagonny«

2b Man muß schon eine Oper machen. (Ein schlechtes Gewissen ist dabei förderlich.)
(BBA 329/49; zit. n.: Hennenberg/Knopf, S. 134; vermutlich
1930)

4 Oper? Folgen
Bedrohung der kulinarischen Oper
    Erholung möglich durch radikale Trennung von Form
    + Inhalt
(am besten durch politische Zensur)
5 Fortschritt
    Funktionswechsel
6 Ausblick
(BBA 329/53; zit. n.: Hennenberg/Knopf, S. 134; vermutlich
1930)

zu 4
Neuer Inhalt diskutiert, schon vom Kulinarischen weg.
Kleiner Kampf für neue Form
großer Kampf gegen Annehmer, die aber den neuen Inhalt
aussperren wollen
    die Warenhäuser!
    die um wenige billig zu erstehende Illusion hartnäckig
    kämpfenden Spießer
(BBA 329/54; zit. n.: Hennenberg/Knopf, S. 134; vermutlich
1930)

Die Oper »Aufstieg und Fall der Stadt Mahagonny« ist auf
Grund einiger Songs entstanden, die in einen Zusammenhang gebracht wurden. Um einiges Vergnügen daran zu
finden (man sieht, wir sind hier »anders«, wir sind in der
Oper), muß man nur vermeiden, sie als etwas Romanti-

sches zu betrachten, also ein Romantiker zu sein. Das Unvernünftige, das hier auftritt, ist nur dem Ort gemäß, an dem es auftritt. Romantik herrscht, wo ein ernstes Moment verfälschend eindringt, Ernst und Unernst sich untrennbar mischen auf doppelten Böden. Man kann nicht gegen die Oper sein wie man gegen einen Mißstand sein kann. Selbst ein gewisses Unverständnis dieser Kunstgattung gegenüber braucht nicht in die Pedanterie auszuarten keine Oper schreiben zu wollen. Anders ausgedrückt (aber vielleicht schon wieder zu scharf): angesichts der zunehmenden Notwendigkeit von Änderungen größten Ausmaßes ist es ein Zynismus nachdrücklich eine Änderung der Oper zu verlangen (mein Hund ist folgsam: wenn ich zu meinem Hund sage kommst du oder kommst du nicht, dann kommt er oder kommt er nicht) also nicht um die Oper umzuändern als Kunstgattung, nicht einmal um dagegen »einen Schlag zu führen« – sie ist allzusehr Ausdruck einer Klasse und die Vernünftigkeit hat zu wenig Raum in ihr als daß man etwa von ihr aus einen Schlag gegen die Schicht selber, die sie genährt, führen könnte. Eher um der Unvernünftigkeit dieser Kunstgattung bewußt gerecht zu werden ihre Verdeckung aufzudecken. Durch den Begriff Oper – um Gotteswillen sollte nicht an ihm gerüttelt werden – sollte alles weitere gegeben sein. Also sollte etwas Unvernünftiges, Unwirkliches und Gott sei Dank Unernstes an die rechte Stelle gesetzt sich selbst aufheben in doppelter Bedeutung. Die enge Grenze hinderte nicht etwas Direktes Lehrhaftes hineinzubringen und alles vom Gestischen aus anzuordnen. Gewiß, das Auge welches alles auf das Gestische bringt ist die Moral. Also Sittenschilderungen. Aber subjektive –

Jetzt trinken wir noch eins
Dann gehen wir noch nicht nach Hause
Drum trinken wir noch eins
Dann machen wir mal eine Pause.

Was hier singt, das sind subjektive Moralisten. Sie beschreiben sich selbst!
(BBA 331/123; zit. n.: Hennenberg/Knopf, S. 134 f.; Fragment von 1930)

Oper mahagonny
nicht um die oper umzuändern als [g]*k*unstgattung, nicht einmal um dagegen „einen schlag zu führen" – sie ist allzu sehr der ausdruck einer klasse und die vernünftigkeit hat zu wenig raum in ihr als daß man etwa von ihr aus einen schlag gegen die schicht selber die hier genießt, führen könnte.
(Kölbel/Villwock, S. 348; vermutlich 1930)

[Neuerungen im Opernversuch »Mahagonny«]

5 Es kann kein Zweifel darüber bestehen, daß das brauchbarste an dem Opernversuch Mahagonny *jene Neuerungen* sind die sich nicht nur auf die gesellschaftlichen Grundlagen der Oper, sondern auch auf die Möglichkeiten erstrecken, die bestehende Gesellschaft überhaupt von der Oper aus zur Diskussion zu stellen. Es sind jene Neuerungen, *die es dem Theater ermöglichen, Sittenschilderungen zu bringen (den Warencharakter des Vergnügens aufzudekken sowie den des sich Vergnügenden usw.), sowie jene, durch die der Zuschauer moralisch eingestellt wird.* Es ist kaum zu bezweifeln, daß die bestellten Neuerungen hiermit etwas anders ausgefallen sind, als die Besteller es sich gedacht haben, und es ist daher durchaus zweifelhaft, ob sie abgeholt werden.

BBA 348/69. Bruchstück, mit handschriftlichen Korrekturen Brechts und Emil Burris, vermutlich von 1930 (Aus-

kunft von Herta Ramthun). Ein Teil wurde in die publizierten Anmerkungen zur Oper übernommen.

(Lucchesi/Shull, S. 126 f.)

ANMERKUNGEN ZUR OPER »AUFSTIEG UND FALL DER
STADT MAHAGONNY«

Oper – aber Neuerungen!
Seit einiger Zeit ist man auf eine Erneuerung der Oper aus.
Die Oper soll, ohne daß ihr kulinarischer Charakter geändert wird, inhaltlich *aktualisiert* und der Form nach
technifiziert werden. Da die Oper ihrem Publikum gerade
durch ihre Rückständigkeit teuer ist, müßte man auf den
Zustrom neuer Schichten mit neuen Appetiten bedacht
sein, und man ist es auch: man will *demokratisieren*, natürlich ohne daß der Charakter der Demokratie geändert
wird, welcher darin besteht, daß dem »Volk« neue Rechte,
aber nicht die Möglichkeit, sie wahrzunehmen, gegeben
werden. Letzten Endes ist es dem Kellner gleich, wem serviert wird, es muß nur serviert werden! Es werden also –
von den Fortgeschrittensten – Neuerungen verlangt oder
verteidigt, die zur Erneuerung der Oper führen sollen – eine
prinzipielle Diskussion der Oper (ihrer Funktion!) wird
nicht verlangt und würde wohl nicht verteidigt.
Diese Bescheidenheit in den Forderungen der Fortgeschrittensten hat wirtschaftliche Gründe, die ihnen selbst teilweise unbekannt sind. Die großen Apparate wie Oper,
Schaubühne, Presse usw. setzen ihre Auffassung sozusagen
inkognito durch. Während sie schon längst die Kopfarbeit
(hier Musik, Dichtung, Kritik usw.) noch mitverdienender – ökonomisch betrachtet also mitherrschender, gesellschaftlich betrachtet schon proletaroider – Kopfarbeiter
nur mehr zur Speisung ihrer Publikumsorganisationen verwerten, diese Arbeit also nach ihrer Art bewerten und in

ihre Bahnen lenken, besteht bei den Kopfarbeitern selber immer noch die Fiktion, es handele sich bei dem ganzen Betrieb lediglich um die Auswertung ihrer Kopfarbeit, also um einen sekundären Vorgang, der auf ihre Arbeit keinen Einfluß hat, sondern ihr nur Einfluß verschafft. Diese bei Musikern, Schriftstellern und Kritikern herrschende Unklarheit über ihre Situation hat ungeheure Folgen, die viel zu wenig beachtet werden. Denn in der Meinung, sie seien im Besitz eines Apparates, der in Wirklichkeit sie besitzt, verteidigen sie einen Apparat, über den sie keine Kontrolle mehr haben, der nicht mehr, wie sie noch glauben, Mittel für die Produzenten ist, sondern Mittel gegen die Produzenten wurde, also gegen ihre eigene Produktion (wo nämlich dieselbe eigene, neue, dem Apparat nicht gemäße oder ihm entgegengesetzte Tendenzen verfolgt). Ihre Produktion gewinnt Lieferantencharakter. Es entsteht ein Wertbegriff, der die Verwertung zur Grundlage hat. Und dies ergibt allgemein den Usus, jedes Kunstwerk auf seine Eignung für den Apparat, niemals aber den Apparat auf seine Eignung für das Kunstwerk hin zu überprüfen. Es wird gesagt: dies oder das Werk sei gut; und es wird gemeint, aber nicht gesagt: gut für den Apparat. Dieser Apparat aber ist durch die bestehende Gesellschaft bestimmt und nimmt nur auf, was ihn in dieser Gesellschaft hält. Jede Neuerung, welche die gesellschaftliche Funktion dieses Apparates, nämlich Abendunterhaltung, nicht bedrohte, könnte diskutiert werden. Nicht diskutiert werden können solche Neuerungen, die auf seinen Funktionswechsel drängten, die den Apparat also anders in die Gesellschaft stellen, etwa ihn den Lehranstalten oder den großen Publikationsorganen anschließen wollten. Die Gesellschaft nimmt durch den Apparat auf, was sie braucht, um sich selbst zu reproduzieren. Durchgehen kann also auch nur eine »Neuerung«, welche zur Erneuerung, nicht aber Veränderung der bestehenden Gesellschaft führt – ob nun diese Gesellschaftsform gut oder schlecht ist.

Die Fortgeschrittensten denken nicht daran, den Apparat zu ändern, weil sie glauben, einen Apparat in der Hand zu haben, der serviert, was sie frei erfinden, der sich also mit jedem ihrer Gedanken von selber verändert. Aber sie erfinden nicht frei: der Apparat erfüllt mit ihnen oder ohne sie seine Funktion, die Theater spielen jeden Abend, die Zeitungen erscheinen xmal am Tag; und sie nehmen auf, was sie brauchen; und sie brauchen einfach ein bestimmtes Quantum Stoff[1].

Man könnte annehmen, daß die Aufdeckung dieses Sachverhaltes (der unentrinnbaren Abhängigkeit der Kunstschaffenden vom Apparat) seiner Verurteilung gleichkäme. Er wird so schamhaft verborgen!

An sich aber ist die Einschränkung der freien Erfindung des einzelnen ein fortschrittlicher Prozeß. Der einzelne wird mehr und mehr in große, die Welt verändernde Vorgänge einbezogen. Er kann nicht mehr sich lediglich »ausdrükken«. Er wird angehalten und instand gesetzt, allgemeine Aufgaben zu lösen. Der Fehler ist nur, daß die Apparate heute noch nicht die der Allgemeinheit sind, daß die Produktionsmittel nicht den Produzierenden gehören, und daß so die Arbeit Warencharakter bekommt und den allgemeinen Gesetzen einer Ware unterliegt. Kunst ist Ware – ohne Produktionsmittel (Apparate) nicht herzustellen! Eine Oper kann man nur für die Oper machen. (Nicht etwa kann man eine Oper ausdenken wie ein Böcklinsches Seetier und dieses Phänomen dann, nach Ergreifung der Macht, in den Aquarien ausstellen; noch lächerlicher wäre es: es in unseren guten alten Zoo einschmuggeln zu wollen!) Selbst wenn man die Oper als solche (ihre Funktion!)

---

[1] Die Produzenten aber sind völlig auf den Apparat angewiesen, wirtschaftlich und gesellschaftlich, er monopolisiert ihre Wirkung, und zunehmend nehmen die Produkte der Schriftsteller, Komponisten und Kritiker Rohstoffcharakter an: das Fertigprodukt stellt der Apparat her.

zur Diskussion stellen wollte, müßte man eine Oper machen.

Oper –
Die Oper, die wir haben, ist *die kulinarische Oper*. Sie war
ein Genußmittel, lange bevor sie eine Ware war. Sie dient
dem Genuß, auch wo sie Bildung verlangt oder vermittelt,
denn sie verlangt oder vermittelt dann eben Geschmacks-
bildung. Sie nähert sich selber jedem Gegenstand in genießerischer Haltung. Sie »erlebt«, und sie dient als »Erlebnis«.
Warum ist »Mahagonny« eine Oper? Die Grundhaltung ist
die der Oper, nämlich kulinarisch. Nähert »Mahagonny«
sich dem Gegenstand in genießerischer Haltung? Es nähert
sich. Ist »Mahagonny« ein Erlebnis? Es ist ein Erlebnis.
Denn: »Mahagonny« ist ein Spaß.
*Die Oper »Mahagonny« wird dem Unvernünftigen der
Kunstgattung Oper bewußt gerecht.* Dieses Unvernünftige
der Oper liegt darin, daß hier rationelle Elemente benutzt
werden, Plastik und Realität angestrebt, aber zugleich alles
durch die Musik wieder aufgehoben wird. Ein sterbender
Mann ist real. Wenn er zugleich singt, ist die Sphäre der
Unvernunft erreicht. (Sänge der *Hörer* bei seinem Anblick,
wäre das nicht der Fall.) Je undeutlicher, irrealer die Realität durch die Musik wird – es entsteht ja ein Drittes, sehr
Komplexes, an sich wieder ganz Reales, von dem ganz reale
Wirkungen ausgehen können, das aber eben von seinem
Gegenstand, von der benutzten Realität, völlig entfernt
ist –, desto genußvoller wird der Gesamtvorgang: der Grad
des Genusses hängt direkt vom Grad der Irrealität ab.
Mit dem Begriff Oper – es sollte nicht an ihm gerüttelt
werden – sollte für »Mahagonny« alles Weitere gegeben
sein. Also sollte etwas Unvernünftiges, Unwirkliches und
Unernstes, an die rechte Stelle gesetzt, sich selbst aufheben
in doppelter Bedeutung[2]. Das Unvernünftige, das hier auftritt, ist nur dem Ort gemäß, an dem es auftritt.

Eine solche Haltung ist schlechtweg genießerisch.

Was den Inhalt dieser Oper betrifft – *ihr Inhalt ist der Genuß*. Spaß also nicht nur als Form, sondern auch als Gegenstand. Das Vergnügen sollte wenigstens Gegenstand
5 der Untersuchung sein, wenn schon die Untersuchung Gegenstand des Vergnügens sein sollte. Es tritt hier in seiner gegenwärtigen historischen Gestalt auf: als Ware[3].

Es soll nicht geleugnet werden, daß dieser Inhalt zunächst provokatorisch wirken muß. Wenn zum Beispiel im drei-
10 zehnten Abschnitt der Vielfraß sich zu Tode frißt, so tut er dies, weil Hunger herrscht. Obgleich wir nicht einmal andeuten, daß andere hungerten, während dieser fraß, war die Wirkung dennoch provozierend. Denn wenn nicht jeder am Fressen stirbt, der zu fressen hat, so gibt es doch
15 viele, die am Hunger sterben, weil er am Fressen stirbt. Sein Genuß provoziert, weil er so vieles enthält[4]. In ähnlichen Zusammenhängen wirkt heute Oper als Genußmittel über-

---

[2] Die enge Grenze hinderte nicht, etwas Direktes, Lehrhaftes hineinzubringen und alles vom Gestischen aus anzuordnen. Das Auge, welches alles auf das Gestische bringt, ist die Moral. Also Sittenschilderung. Aber subjektive.

  Jetzt trinken wir noch eins
  Dann gehen wir noch nicht nach Hause
  Dann trinken wir noch eins
  Dann machen wir mal eine Pause.

Was hier singt, das sind subjektive Moralisten. Sie beschreiben sich selbst!

[3] Ware ist hier auch die Romantik. Sie tritt lediglich als Inhalt auf, nicht als Form.

[4] »Ein würdiger Herr mit gesottenem Antlitz hatte einen Schlüsselbund gezogen und kämpfte durchdringend gegen das epische Theater. Seine Frau verließ ihn nicht in der Stunde der Entscheidung. Die Dame hatte zwei Finger in den Mund gesteckt, die Augen zugekniffen, die Backen aufgeblasen. Sie überpfiff den Kasse-Schlüssel.«

  (A. Polgar über die Uraufführung der Oper »Mahagonny« in Leipzig.)

haupt provokatorisch. Freilich nicht auf ihre paar Zuhörer. Im Provokatorischen sehen wir die Realität wiederhergestellt. »Mahagonny« mag nicht sehr schmackhaft sein, es mag sogar (aus schlechtem Gewissen) seinen Ehrgeiz darein setzen, es nicht zu sein – es ist durch und durch kulinarisch.

»Mahagonny« ist nichts anderes als eine Oper.

– *Aber Neuerungen!*
Die Oper war auf den technischen Standard des modernen Theaters zu bringen. Das moderne Theater ist das epische Theater. Folgendes Schema zeigt einige Gewichtsverschiebungen vom dramatischen zum epischen Theater[5].

Dramatische Form des Theaters	*Epische Form des Theaters*
handelnd	erzählend
verwickelt den Zuschauer in eine Bühnenaktion	macht den Zuschauer zum Betrachter, aber
verbraucht seine Aktivität	weckt seine Aktivität
ermöglicht ihm Gefühle	erzwingt von ihm Entscheidungen
Erlebnis	Weltbild
Der Zuschauer wird in etwas hineinversetzt	er wird gegenübergesetzt
Suggestion	Argument
Die Empfindungen werden konserviert	bis zu Erkenntnissen getrieben
Der Zuschauer steht mittendrin	Der Zuschauer steht gegenüber
miterlebt	studiert

---

[5] Dieses Schema zeigt nicht absolute Gegensätze, sondern lediglich Akzentverschiebungen. So kann innerhalb eines Mitteilungsvorgangs das gefühlsmäßig Suggestive oder das rein rationell Überredende bevorzugt werden.

Der Mensch als bekannt vorausgesetzt	Der Mensch ist Gegenstand der Untersuchung
Der unveränderliche Mensch	Der veränderliche und verändernde Mensch
Spannung auf den Ausgang	Spannung auf den Gang
Eine Szene für die andere	Jede Szene für sich
Wachstum	Montage
Geschehen linear	in Kurven
evolutionäre Zwangsläufigkeit	Sprünge
Der Mensch als Fixum	Der Mensch als Prozeß
Das Denken bestimmt das Sein	Das gesellschaftliche Sein bestimmt das Denken
Gefühl	Ratio[6]

Der Einbruch der Methoden des epischen Theaters in die Oper führt hauptsächlich zu einer radikalen *Trennung der Elemente*. Der große Primatkampf zwischen Wort, Musik und Darstellung (wobei immer die Frage gestellt wird, wer wessen Anlaß sein soll – die Musik der Anlaß des Bühnenvorgangs, oder der Bühnenvorgang der Anlaß der Musik usw.) kann einfach beigelegt werden durch die radikale Trennung der Elemente. Solange »Gesamtkunstwerk« bedeutet, daß das Gesamte ein Aufwaschen ist, solange also Künste »verschmelzt« werden sollen, müssen die einzelnen Elemente alle gleichermaßen degradiert werden, indem jedes nur Stichwortbringer für das andere sein kann. Der Schmelzprozeß erfaßt den Zuschauer, der ebenfalls eingeschmolzen wird und einen passiven (leidenden) Teil des Gesamtkunstwerks darstellt. Solche Magie ist natürlich zu bekämpfen. Alles, was Hypnotisierversuche darstellen soll, unwürdige Räusche erzeugen muß, benebelt, muß aufgegeben werden.

---

[6] Über die Gewichtsverschiebungen innerhalb der Darstellung siehe Versuch »Dialog über die Schauspielkunst«.

Musik, Wort und Bild mußten mehr Selbständigkeit erhalten.

a) *Musik.*

Für die Musik ergab sich folgende Gewichtsverschiebung:

Dramatische Oper	Epische Oper
Die Musik serviert	Die Musik vermittelt
Musik den Text steigernd	den Text auslegend
Musik den Text behauptend	den Text voraussetzend
Musik illustrierend	Stellung nehmend
Musik die psychische Situation malend	das Verhalten gebend

Die Musik ist der wichtigste Beitrag zum Thema[7].

b) *Text.*

Aus dem Spaß war etwas Lehrhaftes, Direktes herauszuarbeiten, damit er nicht bloß unvernünftig war. Es ergab sich die Form der Sittenschilderung. Die Sittenschilderer sind die handelnden Personen. Der Text hatte nicht sentimental oder moralisch zu sein, sondern Sentimentalität und Moral zu zeigen. Ebenso wichtig wie das gesprochene Wort wurde (in den Titeln) das geschriebene. Beim Lesen gewinnt das Publikum wohl am ehesten die bequemste Haltung dem Werk gegenüber[8].

c) *Bild.*

Die Ausstellung selbständiger Bildwerke innerhalb einer Theateraufführung stellt ein Novum dar. Die Neherschen Projektionen nehmen Stellung zu den Vorgängen auf der

---

[7] Die große Menge der Handwerker in den Opernorchestern ermöglicht nur assoziierende Musik (eine Tonflut ergibt die andere); also ist Verkleinerung des Orchesterapparates auf allerhöchstens 30 Spezialisten nötig. Der Sänger wird zum Referenten, dessen Privatgefühle Privatsache bleiben müssen.

[8] Über die Bedeutung der »Titel« siehe »Anmerkungen zur ›Dreigroschenoper‹« und Fußnote 1 zum Dreigroschenfilm.

Bühne, derart, daß der wirkliche Vielfraß vor dem gezeichneten Vielfraß sitzt. Die Szene wiederholt gleichermaßen von sich aus im Fluß, was im Bild steckt. Die Projektionen Nehers sind ebenso ein selbständiger Bestandteil der Oper
5 wie Weills Musik und der Text. Sie bilden ihr Anschauungsmaterial.

Diese Neuerungen setzen natürlich auch eine neue Haltung des Publikums voraus, das in den Opernhäusern verkehrt.

10 *Die Folgen der Neuerungen: Beschädigung der Oper?*
Zweifellos werden gewisse Wünsche des Publikums, die von der alten Oper ohne weiteres befriedigt wurden, von der neuen nicht mehr berücksichtigt. Wie ist die Haltung des Publikums in der Oper, und kann sie sich ändern?
15 Herausstürzend aus dem Untergrundbahnhof, begierig, Wachs zu werden in den Händen der Magier, hasten erwachsene, im Daseinskampf erprobte und unerbittliche Männer an die Theaterkassen. Mit dem Hut geben sie in der Garderobe ihr gewohntes Benehmen, ihre Haltung »im
20 Leben« ab; die Garderobe verlassend, nehmen sie ihre Plätze mit der Haltung von Königen ein. Soll man ihnen dies übelnehmen? Man brauchte, um dies lächerlich zu finden, nicht die königliche Haltung der käsehändlerischen vorzuziehen. Die Haltung dieser Leute in der Oper ist ihrer
25 unwürdig. Ist es möglich, daß sie sie ändern? Kann man sie veranlassen, ihre Zigarren herauszuziehen?
Dadurch, daß, technisch betrachtet, der »Inhalt« zu einem selbständigen Bestandteil geworden ist, zu dem Text, Musik und Bild »sich verhalten«, durch die Aufgabe der Illu-
30 sion zugunsten der Diskutierbarkeit und dadurch, daß der Zuschauer, statt erleben zu dürfen, sozusagen abstimmen, statt sich hineinzuversetzen, sich auseinandersetzen soll, ist eine Umwandlung angebahnt, die über Formales weit hinausgeht und die eigentliche, die gesellschaftliche Funktion
35 des Theaters überhaupt zu erfassen beginnt.

Die alte Oper schließt die Diskussion des Inhaltlichen ab-
solut aus. Geschähe es etwa, daß der Zuschauer bei der
Darstellung irgendwelcher Zustände zu diesen Zuständen
Stellung nähme, hätte die alte Oper ihre Schlacht verloren,
der Zuschauer wäre »drausgekommen«. Die alte Oper ent-   5
hielt natürlich auch Elemente, die nicht rein kulinarisch
waren – man muß die Epoche ihres Aufstiegs von der ihres
Abstiegs unterscheiden –. »Zauberflöte«, »Figaro«, »Fide-
lio« enthielten weltanschauliche, aktivistische Elemente.
Jedoch war das Weltanschauliche, etwa das Wagnis, stets   10
so kulinarisch bedingt, daß *der Sinn* dieser Opern sozusagen ein absterbender war und dann in den Genuß einging.
War der eigentliche »Sinn« abgestorben, hatte die Oper
keineswegs nun keinen Sinn mehr, sondern eben einen anderen, nämlich den als Oper. Der Inhalt war in der Oper   15
abgelegt. Die heutigen Wagnerianer begnügen sich mit der
Erinnerung, daß die ursprünglichen Wagnerianer einen
Sinn festgestellt und also gewußt hätten. Bei den von Wagner abhängig Produzierenden wird sogar die Haltung des
Weltanschauenden noch stur beibehalten. (Eine Weltan-   20
schauung, die, zu sonst nichts mehr nütze, nur noch als
Genußmittel verschleudert wird!) (»Elektra«, »Jonny
spielt auf«.) Eine ganze, reich entwickelte Technik, die
diese Haltung ermöglicht hat, wird beibehalten: in der Haltung des Weltanschauenden geht der Spießer durch seinen   25
beschaulichen Alltag. Nur von hier aus, vom absterbenden
Sinn aus (also wohlverstanden: dieser Sinn *konnte* abster-
ben), werden die fortgesetzten Neuerungen verständlich,
die die Oper heimsuchen – als verzweifelte Versuche, dieser
Kunst hinterher einen Sinn zu verleihen, einen »neuen«   30
Sinn, wobei dann am Ende das Musikalische selber dieser
Sinn wird; wo also etwa der Ablauf der musikalischen Formen als Ablauf einen Sinn bekommt und gewisse Propor-
tionen, Verschiebungen usw. aus einem Mittel glücklich
ein Zweck geworden sind. Fortschritte, welche die Folge   35

von nichts sind und nichts zur Folge haben, welche nicht aus neuen Bedürfnissen kommen, sondern nur mit neuen Reizen alte Bedürfnisse befriedigen, also eine rein konservierende Aufgabe haben. Man nimmt neue stoffliche Elemente herein, die »an dieser Stelle« noch nicht bekannt sind, da sie, als »diese Stelle« eingenommen wurde, auch an anderer noch nicht bekannt gewesen waren. (Lokomotiven, Maschinenhallen, Aeroplane, Badezimmer usw. dienen als Ablenkung. Die Besseren verneinen den Inhalt überhaupt und tragen ihn in lateinischer Sprache vor oder vielmehr weg.) Das sind Fortschritte, welche nur anzeigen, daß etwas zurückgeblieben ist. Sie werden gemacht, ohne daß sich die Gesamtfunktion ändert oder vielmehr: nur damit die sich nicht ändert. Und die Gebrauchsmusik? In dem gleichen Augenblick, als man das konzertante, also nackteste l'art pour l'art erreicht hatte (es wurde als Reaktion auf das emotionelle Moment der impressionistischen Musik erreicht), tauchte sozusagen schaumgeboren der Begriff der Gebrauchsmusik auf; worin die Musik sozusagen von dem Laien Gebrauch machte. Der Laie wurde so gebraucht, wie eine Frau »gebraucht« wird. Neuerung über Neuerung: der hörmüde Hörer wurde spielfreudig. Der Kampf gegen die Hörfaulheit schlug direkt um in den Kampf für den Hörfleiß und dann in den Spielfleiß. Der Cellist des Orchesters, ein mehrfacher Familienvater, spielte nicht mehr aus Weltanschauung, sondern aus Freude. Der Kulinarismus war gerettet![9]

---

[9] Neuerungen solcher Art sind zu kritisieren, solange sie lediglich der Erneuerung überfällig gewordener Institutionen dienen. Sie stellen Fortschritte dar, wenn man einen grundsätzlichen *Funktionswechsel* dieser Institutionen durchführen will. Dann sind sie quantitative Verbesserungen, Entledigungen, Reinigungsprozesse, die von dem stattgefundenen oder stattzufindenden Funktionswechsel aus erst ihren Sinn bekommen.
Wirklicher Fortschritt ist nicht Fortgeschrittensein, sondern Fort-

Man fragt sich: Warum dieser Marsch auf der Stelle? Warum dieses zähe Festhalten am Genießerischen, an der Berauschung? Warum dieses geringe Interesse für die eigenen Angelegenheiten außerhalb der eigenen vier Wände? Warum keine Diskussion?

Antwort: Es ist von einer Diskussion nichts zu erwarten. Eine Diskussion der heutigen Gesellschaftsform, ja sogar eine solche nur ihrer unwichtigsten Bestandteile würde sofort und unhemmbar zu einer absoluten Bedrohung dieser Gesellschaftsform überhaupt führen.

Wir haben gesehen, daß die Oper als Abendunterhaltung verkauft wird, wodurch alle Versuche, sie zu ändern, ganz bestimmte Grenzen finden. Wir sehen: diese Unterhaltung muß eine feierliche und den Illusionen gewidmete sein. Warum?

In der jetzigen Gesellschaft ist die alte Oper sozusagen nicht »wegzudenken«. Ihre Illusionen haben gesellschaftlich wichtige Funktionen. Der Rausch ist unentbehrlich; nichts kann an seine Stelle gesetzt werden[10]. Nirgends,

---

schreiten. Wirklicher Fortschritt ist, was Fortschreiten ermöglicht oder erzwingt. Und zwar in breiter Front die angeschlossenen Kategorien mitbewegend. Wirklicher Fortschritt hat als Ursache die Unhaltbarkeit eines wirklichen Zustandes und als Folge seine Veränderung.

[10] Das Leben, wie es uns auferlegt ist, ist zu schwer für uns, es bringt uns zuviel Schmerzen, Enttäuschungen, unlösbare Aufgaben. Um es zu ertragen, können wir Linderungsmittel nicht entbehren. Solcher Mittel gibt es vielleicht dreierlei: mächtige Ablenkungen, die uns unser Elend gering schätzen lassen, Ersatzbefriedigungen, die es verringern, Rauschstoffe, die uns für dasselbe unempfindlich machen. Irgend etwas dieser Art ist unerläßlich. Die Ersatzbefriedigungen, wie die Kunst sie bietet, sind gegen die Realität Illusionen, darum nicht minder psychisch wirksam, dank der Rolle, die die Phantasie im Seelenleben behauptet hat. (Freud, »Das Unbehagen in der Kultur«, Seite 22.) Diese Rauschmittel tragen unter Umständen die Schuld daran, daß große Energiebeträge, die zur Verbesserung des menschlichen Loses verwendet werden könnten, nutzlos verlorengehen. (Ebendaselbst, Seite 28.)

Anhang

wenn nicht in der Oper, hat der Mensch die Gelegenheit,
ein Mensch zu bleiben! Seine sämtlichen Verstandesfunk-
tionen sind längst zurückgeschraubt auf solche des angst-
vollen Mißtrauens, der Übervorteilung des anderen, der
5 selbstischen Berechnung.
Die alte Oper gibt es nicht nur deshalb noch, weil sie alt ist,
sondern hauptsächlich deshalb, weil der Zustand, dem sie
dient, noch immer der alte ist. Er ist es nicht ganz. Und
darin liegen die Aussichten der neuen Oper. Heute ist
10 schon die Frage zu stellen, ob nicht die Oper bereits in
einem Zustand ist, in dem weitere Neuerungen nicht mehr
zur Erneuerung dieser Gattung, sondern schon zu ihrer
Zerstörung führen[11].
Mag »Mahagonny« so kulinarisch sein wie immer – eben
15 so kulinarisch wie es sich für eine Oper schickt –, so hat es
doch schon eine gesellschaftsändernde Funktion; es stellt
eben das Kulinarische zur Diskussion, es greift die Gesellschaft an, die solche Opern benötigt; sozusagen sitzt es
noch prächtig auf dem alten Ast, aber es sägt ihn wenig-
20 stens schon (zerstreut oder aus schlechtem Gewissen) ein
wenig an ... Und das haben mit ihrem Singen die Neuerungen getan.
Wirkliche Neuerungen greifen die Basis an.

Für Neuerungen – gegen Erneuerung!
25 Die Oper »Mahagonny« ist vor drei Jahren, 1927, geschrieben. In den anschließenden Arbeiten wurden Versuche unternommen, das Lehrhafte auf Kosten des Kulinarischen immer stärker zu betonen. Also aus dem Genußmittel
den Lehrgegenstand zu entwickeln und gewisse Institute

---

[11] In der Oper »Mahagonny« sind dies jene Neuerungen, die es dem
Theater ermöglichen, Sittenschilderungen zu bringen (den Warencharakter des Vergnügens sowie den des sich Vergnügenden aufzudecken), und jene, durch die der Zuschauer moralisch eingestellt wird.

aus Vergnügungsstätten in Publikationsorgane umzu-
bauen.

(GBA 24, S. 74–84; veröffentlicht Dezember 1930 unter
Brechts und Peter Suhrkamps Namen im Heft 2 der *Versuche*)

[ANHANG]
[Zur dramatischen und epischen Form des Theaters]

[Fassung 1938]

Dramatische Form des Theaters	*Epische Form des Theaters*
Die Bühne »verkörpert« einen Vorgang	sie erzählt ihn
verwickelt den Zuschauer in eine Aktion und	macht ihn zum Betrachter, aber
verbraucht seine Aktivität	weckt seine Aktivität
ermöglicht ihm Gefühle	erzwingt von ihm Entscheidungen
vermittelt ihm Erlebnisse	vermittelt ihm Kenntnisse
der Zuschauer wird in eine Handlung hineinversetzt	er wird ihr gegenübergesetzt
es wird mit Suggestion gearbeitet	es wird mit Argumenten gearbeitet
die Empfindungen werden konserviert	bis zu Erkenntnissen getrieben
der Mensch wird als bekannt vorausgesetzt	der Mensch ist Gegenstand der Untersuchung
der unveränderliche Mensch	der veränderliche und verändernde Mensch
Spannung auf den Ausgang	Spannung auf den Gang
eine Szene für die andere	jede Szene für sich
die Geschehnisse verlaufen linear	in Kurven

natura non facit saltus	facit saltus
die Welt, wie sie ist	die Welt, wie sie wird
was der Mensch soll	was der Mensch muß
seine Triebe	seine Beweggründe
5 das Denken bestimmt das	das gesellschaftliche Sein
Sein	bestimmt das Denken

(GBA 24, S. 85; entstanden 1938)

[ERKLÄRUNG]

Die Oper »Aufstieg und Fall der Stadt Mahagonny« hat,
10 obwohl bei den verschiedenen Aufführungen ganz verschieden inszeniert, beinahe immer Skandale erzeugt. Gegen diese Skandale war nichts einzuwenden, soweit sie
nicht auf primitiven Mißverständnissen beruhten. Eines
der hauptsächlichen Mißverständnisse war das folgende:
15 die Freude (Unterhaltung, Erholung), die in der Stadt Mahagonny dargeboten wird, ist nur gegen Geld zu haben und
wird in Form von Exzessen genossen. Viele glaubten nun
fälschlicherweise, das Werk wende sich einzig und allein
dagegen, daß die betreffenden Exzesse nur gegen Geld zu
20 haben sind, das Werk sei also dafür, daß Exzesse möglichst
umsonst zu haben sind, es sei also *für* Exzesse. In Wirklichkeit bemüht sich das Werk, wie schon die letzte große De-
monstrationsszene beweist, gerade den Zusammenhang
zwischen der Käuflichkeit von Freude (Unterhaltung, Er-
25 holung) und ihrem exzessiven Charakter aufzuzeigen. Die
Skandale, die – bei richtigem Verständnis – durch die Oper
»Mahagonny« erzeugt werden, entsprechen nur dem großen, tiefen und umfassenden Skandal, durch den sie selber
erzeugt wurde.
30 (GBA 24, S. 86; zuerst im Programmheft der Berliner Inszenierung vom 21.12.1931)

[Aus:] Über die Verwendung von Musik für ein episches Theater

Für episches Theater wurde, soweit es meine eigene Produktion betrifft[1], in folgenden Stücken Musik verwendet: »Trommeln in der Nacht«, »Lebenslauf des asozialen Baal«, »Das Leben Eduards II. von England«, »Mahagonny«, »Die Dreigroschenoper«, »Die Mutter«, »Die Rundköpfe und die Spitzköpfe«.

In den ersten paar Stücken wurde Musik in ziemlich landläufiger Form verwendet; es handelte sich um Lieder oder Märsche, und es fehlte kaum je eine naturalistische Motivierung dieser Musikstücke. Jedoch wurde durch die Einführung der Musik immerhin mit der damaligen dramatischen Konvention gebrochen: das Drama wurde an Gewicht leichter, sozusagen eleganter; die Darbietungen der Theater gewannen artistischen Charakter. Die Enge, Dumpfheit und Zähflüssigkeit der impressionistischen und die manische Einseitigkeit der expressionistischen Dramen wurde schon einfach dadurch durch die Musik angegriffen, daß sie Abwechslung hineinbrachte. Zugleich ermöglichte die Musik etwas, was schon lange nicht mehr selbstverständlich war, nämlich »poetisches Theater«. Diese Musik schrieb ich noch selbst. Fünf Jahre später schrieb sie, für die zweite Berliner Aufführung der Komödie »Mann ist Mann« am Staatstheater, Kurt Weill. Die Musik hatte nunmehr Kunstcharakter (Selbstwert). Das Stück enthält Knockaboutkomik, und Weill montierte eine kleine Nachtmusik ein, zu der Projektionen von Caspar Neher gezeigt wurden, außerdem eine Schlachtmusik und ein Lied, dessen Strophen bei dem offenen Umbau der Szene gesungen

---

[1] Auch Piscator verwendete Musik, und zwar im »Kaufmann von Berlin« (Eisler), in »Konjunktur« (Weill), »Hoppla, wir leben!« (Meisel).

wurden. Aber inzwischen waren schon die ersten Theorien über die *Trennung der Elemente* aufgestellt worden.

Die Aufführung der »Dreigroschenoper« 1928 war die erfolgreichste Demonstration des epischen Theaters. Sie brachte eine erste Verwendung von Bühnenmusik nach neueren Gesichtspunkten. Ihre auffälligste Neuerung bestand darin, daß die musikalischen von den übrigen Darbietungen streng getrennt waren. Dies wurde schon äußerlich dadurch bemerkbar, daß das kleine Orchester sichtbar auf der Bühne aufgebaut war. Für das Singen der Songs wurde ein Lichtwechsel vorgenommen, das Orchester wurde beleuchtet, und auf der Leinwand des Hintergrunds erschienen die Titel der einzelnen Nummern, etwa »Lied über die Unzulänglichkeit menschlichen Strebens« oder »Fräulein Polly Peachum gesteht in einem kleinen Lied ihren entsetzten Eltern ihre Verheiratung mit dem Räuber Macheath« – und die Schauspieler nahmen für die Nummern einen Stellungswechsel vor. Es gab Duette, Terzette, Solonummern und Chorfinales. Die Musikstücke, in denen das balladeske Moment vorherrschte, waren meditierender und moralisierender Art. Das Stück zeigte die enge Verwandtschaft zwischen dem Gemütsleben der Bourgeois und dem der Straßenräuber. Die Straßenräuber zeigten, auch in der Musik, daß ihre Empfindungen, Gefühle und Vorurteile dieselben waren wie die des durchschnittlichen Bürgers und Theaterbesuchers. Ein Thema war etwa die Beweisführung, daß nur der angenehm lebe, der im Wohlstand lebe, wenn dabei auch auf manches »Höhere« verzichtet werden müsse. In einem Liebesduett wurde auseinandergesetzt, daß äußere Umstände wie die soziale Herkunft der Partner oder ihre Vermögenslage auf die Wahl des Ehegatten keinen Einfluß haben dürften! In einem Terzett wurde das Bedauern darüber ausgedrückt, daß die Unsicherheit auf diesem Planeten es dem Menschen nicht möglich macht, seinem natürlichen Hang zur Güte und zu anständigem Benehmen nachzugeben. Das zarteste und innigste Liebeslied des Stückes beschrieb die immerwährende unzerstörbare Neigung zwischen einem Zuhälter und seiner Braut. Die Liebenden besangen nicht ohne Rührung ihren kleinen Haushalt, das Bordell. Die Musik arbeitete so, gerade indem sie sich rein gefühlsmäßig gebärdete und auf keinen der üblichen narkotischen Reize verzichtete, an der Enthüllung der bürgerlichen Ideologien mit. Sie wurde sozusagen zur Schmutzaufwirblerin, Provokatorin und Denunziantin. Diese Songs gewannen eine große Verbreitung, ihre Losungen tauchten in Leitartikeln und Reden auf. Viele Leute sangen sie zu Klavierbegleitung oder nach Orchesterplatten, so wie sie Operettenschlager zu singen pflegten.

Der Song dieser Art wurde kreiert, als ich Weill aufforderte, für die Baden-Badener Musikfestwoche 1927, wo Operneinakter gezeigt werden sollten, einfach ein halbes Dutzend schon vorliegender Songs neu zu vertonen. Weill hatte bis dahin ziemlich komplizierte, hauptsächlich psychologisierende Musik geschrieben, und als er in die Komposition mehr oder weniger banaler Songtexte einwilligte, brach er mutig mit einem zähen Vorurteil der kompakten Majorität ernsthafter Komponisten. Der Erfolg dieser Anwendung moderner Musik für den Song war bedeutend. Worin bestand das eigentliche Neue dieser Musik, wenn man von ihrer bisher ungewohnten Verwendungsart absieht?

Das epische Theater ist hauptsächlich interessiert an dem Verhalten der Menschen zueinander, *wo es sozialhistorisch bedeutend (typisch)* ist. Es arbeitet Szenen heraus, in denen Menschen sich so verhalten, daß die sozialen Gesetze, unter denen sie stehen, sichtbar werden. Dabei müssen praktikable Definitionen gefunden werden, das heißt, solche Definitionen der interessierenden Prozesse, durch deren Benutzung in diese Prozesse eingegriffen werden kann. Das Interesse des epischen Theaters ist also ein eminent praktisches. Das menschliche Verhalten wird als veränderlich gezeigt, der Mensch als abhängig von gewissen ökono-misch-politischen Verhältnissen und zugleich als fähig, sie zu verändern. Um ein Beispiel zu geben: Eine Szene, in der drei Männer von einem vierten Mann zu einem bestimm-ten illegalen Zweck gemietet werden (»Mann ist Mann«), muß vom epischen Theater so geschildert werden, daß man sich das dabei zum Ausdruck kommende Verhalten der vier Männer auch anders vorstellen kann, das heißt, daß man entweder sich politisch-ökonomische Verhältnisse vorstel-len kann, unter denen diese Männer anders sprechen wür-den, oder eine Haltung dieser Männer den gegebenen Ver-hältnissen gegenüber, die sie ebenfalls anders sprechen ließe. Kurz, der Zuschauer erhält die Gelegenheit zur Kri-tik menschlichen Verhaltens vom gesellschaftlichen Stand-punkt aus, und die Szene wird als historische Szene ge-spielt. Der Zuschauer soll also in der Lage sein, Vergleiche anzustellen, was die menschlichen Verhaltungsweisen an-betrifft. Dies bedeutet, vom Standpunkt der Ästhetik aus, daß der Gestus der Schauspieler besonders wichtig wird. Es handelt sich für die Kunst um eine Kultivierung des Gestus. (Selbstverständlich handelt es sich um gesellschaftlich be-deutsame Gestik, nicht um illustrierende und expressive Gestik.) Das mimische Prinzip wird sozusagen vom gesti-schen Prinzip abgelöst.

Dies kennzeichnet eine große Umwälzung der Dramatik. Die Dramatik folgt auch in unseren Zeiten noch den Re-zepten des Aristoteles zur Erzeugung der sogenannten Katharsis (seelischen Reinigung des Zuschauers). In der aristotelischen Dramatik wird der Held durch die Hand-lungen in Lagen versetzt, in denen er sein innerstes Wesen offenbart. Alle gezeigten Ereignisse verfolgen den Zweck, den Helden in seelische Konflikte zu treiben. Es ist ein viel-leicht blasphemischer, aber nützlicher Vergleich, wenn man hier an die Broadway-Burleske denkt, wo das Publi-kum, sein »Take it off!« brüllend, die Mädchen zur immer kompletteren Schaustellung ihres Körpers zwingt. Das Individuum, dessen innerstes Wesen herausgetrieben wird, steht dann natürlich für »den Menschen schlechthin«. Jeder (auch jeder Zuschauer) würde da dem Zwang der vorgeführten Ereignisse folgen, so daß man, praktisch gesprochen, bei einer »Ödipus«-Aufführung einen Zuschauerraum voll von kleinen Ödipussen, bei einer Aufführung des »Emperor Jones« einen Zuschauerraum voll von Emperor Jonesen hat. Nichtaristotelische Dramatik würde die Ereignisse, die sie vorführt, keineswegs zu einem unentrinnbaren Schicksal zusammenfassen und diesem den Menschen hilflos, wenn auch schön und bedeutsam reagierend, ausliefern, sie würde im Gegenteil gerade dieses »Schicksal« unter die Lupe nehmen und es als menschliche Machenschaften enthüllen.

Diese Erörterung, angeknüpft an die Untersuchung einiger kleiner Songs, könnte als etwas weitschweifend erscheinen, wenn nicht diese Songs die (eben noch sehr kleinen) Anfänge eines anderen, neuzeitlichen Theaters wären, oder der Anteil der Musik an diesem Theater. Der Charakter dieser Songmusik als einer sozusagen gestischen Musik kann kaum anders als durch solche Erörterungen erklärt werden, die den gesellschaftlichen Zweck der Neuerungen herausarbeiten. Praktisch gesprochen, ist gestische Musik eine Musik, die dem Schauspieler ermöglicht, gewisse Grundgesten vorzuführen. Die sogenannte billige Musik ist besonders in Kabarett und Operette schon seit geraumer Zeit eine Art gestischer Musik. Die »ernste« Musik hingegen hält immer noch am Lyrismus fest und pflegt den individuellen Ausdruck.

Die Oper »Aufstieg und Fall der Stadt Mahagonny« zeigte die Anwendung der neuen Prinzipien in einer gewissen Breite. Ich möchte nicht unerwähnt lassen, daß meiner Meinung nach die Weillsche Musik zu dieser Oper nicht rein gestisch ist, sie enthält aber viele gestische Partien, jedenfalls genug, daß es zu einer ernstlichen Gefährdung des üblichen Operntypus kommt, den wir, in seiner heutigen Ausgabe, als rein kulinarische Oper bezeichnen können. Das Thema der Oper »Mahagonny« ist der Kulinarismus selbst, den Grund hierfür habe ich in einem Aufsatz »Anmerkungen zur Oper« in meinen »Versuchen Nr. 5« auseinandergesetzt. Dort ist auch auseinandergesetzt, daß und warum es unmöglich ist, in den kapitalistischen Ländern die Oper zu erneuern. Alle Neuerungen, die eingeführt werden, führen lediglich zur Zerstörung der Oper. Komponisten, die den Versuch unternehmen, die Oper zu erneuern, scheitern, wie Hindemith und Strawinsky, unvermeidlich am Opernapparat. Die großen Apparate wie Oper, Schaubühne, Presse usw. setzen ihre Auffassung sozusagen inkognito durch. Während sie schon längst die Kopfarbeit (hier Musik, Dichtung, Kritik usw.) noch mitverdienender – ökonomisch betrachtet also mitherrschender, gesellschaftlich betrachtet schon proletaroider – Kopfarbeiter nur mehr zur Speisung ihrer Publikumsorganisationen verwerten, diese Arbeit also nach ihrer Art bewerten und in ihre Bahnen lenken, besteht bei den Kopfarbeitern selber immer noch die Fiktion, es handele sich bei dem ganzen Betrieb lediglich um die Auswertung ihrer Kopfarbeit, also um einen sekundären Vorgang, der auf ihre Arbeit keinen Einfluß hat, sondern ihr nur Einfluß verschafft. Diese bei Musikern, Schriftstellern und Kritikern herrschende Unklarheit über ihre Situation hat ungeheure Folgen, die viel zuwenig beachtet werden. Denn in der Meinung, sie seien im Besitz eines Apparates, der in Wirklichkeit sie besitzt, verteidigen sie einen Apparat, über den sie keine Kontrolle mehr haben, der nicht mehr, wie sie noch glauben, Mittel für die Produzenten ist, sondern Mittel gegen die Produzenten wurde, also gegen ihre eigene Produktion (wo nämlich dieselbe eigene, neue, dem Apparat nicht gemäße oder ihm entgegengesetzte Tendenzen verfolgt). Ihre Produktion gewinnt Lieferantencharakter. Es entsteht ein Wertbegriff, der die Verwertung zur Grundlage hat. Und dies ergibt allgemein den Usus, jedes Kunstwerk auf seine Eignung für den Apparat hin zu überprüfen. Es wird gesagt: dies oder das Werk sei gut; und es wird gemeint, aber nicht gesagt: gut für den Apparat. Dieser Apparat aber ist durch die bestehende Gesellschaft bestimmt und nimmt nur auf, was ihn in dieser Gesellschaft am Leben erhält. Jede Neuerung, welche die gesellschaftliche Funktion dieses spätbürgerlichen Apparates, nämlich spätbürgerliche Abendunterhaltung, nicht bedrohte, könnte von ihm diskutiert werden. Nicht diskutiert werden können solche Neuerungen, die auf seinen Funktionswechsel drängen, die den Apparat also anders in die Gesellschaft stellen, etwa ihn den Lehranstalten oder den großen Publikationsorganen anschließen wollten. Die Gesellschaft nimmt durch den Apparat auf, was sie braucht, um sich selbst zu reproduzieren; durchgehen kann also auch nur eine »Neuerung«, welche zur Erneuerung, nicht aber Veränderung der bestehenden Gesellschaft führt – ob nun diese Gesellschaftsform gut oder schlecht ist. Die Künstler denken meist nicht daran, den Apparat zu ändern, weil sie glauben, einen Apparat in der Hand zu haben, der serviert, was sie frei erfinden, der sich also mit jedem ihrer Gedanken von selbst verändert. Aber sie erfinden nicht frei; der Apparat erfüllt mit ihnen oder ohne sie seine Funktion, die Theater spielen jeden Abend, die Zeitungen erscheinen x-mal am Tag; und sie nehmen auf, was sie brauchen; und sie brauchen einfach ein bestimmtes Quantum Stoff.[2]

[...]

(GBA 22, S. 155–161; entstanden 1935)

---

[2] Die Produzenten aber sind völlig auf den Apparat angewiesen, wirtschaftlich und gesellschaftlich, er monopolisiert ihre Wirkung, und zunehmend nehmen die Produkte der Schriftsteller, Komponisten und Kritiker Rohstoffcharakter an: das Fertigprodukt stellt der Apparat her.

Lieber Genosse M.,
da Sie gerade meine theoretischen Dinge durcharbeiten,
einige Bemerkungen, die Ihnen vielleicht Umwege ersparen
5 können. Die Ausführungen, die gedruckt vorliegen (ursprünglich in der Reihe der »Versuche« veröffentlicht),
sind als Anmerkungen zu Theateraufführungen und daher
mehr oder weniger polemisch geschrieben. Sie enthalten
nicht komplette Definitionen und rufen deshalb bei dem sie
10 Studierenden oft Mißverständnisse hervor, die ihn hin-
dern, produktiv theoretisch mitzuarbeiten. Besonders der
Opernaufsatz zu »Mahagonny« bedarf einiger Zusätze,
damit die Diskussion fruchtbar werden kann. Man hat aus
ihm herausgelesen, daß ich »gegen das Gefühlsmäßige für
15 das Verstandesmäßige« Stellung nehme. Das ist natürlich
nicht der Fall. Ich wüßte nicht, wie man Gedanken von
Gefühlen trennen könnte. Nicht einmal der Teil der zeitgenössischen Literatur, der ohne Verstand geschrieben zu
sein scheint, trennt Verstand wirklich von Gefühl. Das Ge-
20 fühlsmäßige ist bei ihm ebenso verrottet wie das Verstandesmäßige. Daß ich mich nur an den Verstand wenden
wolle, finden meist die Leute, welche bei meinen Arbeiten
nur verstandesmäßig mitkommen (oder jedenfalls glauben, sie kämen mit), gefühlsmäßig aber streiken, d. h. die-
25 selben Leute, die den Kommunismus etwa für ein kaltes
Verstandesprodukt halten, das den Gefühlen der Menschen (d. h. der großen und kleinen Ausbeuter) nicht »gerecht wird«. Ähnlich verhält es sich mit dem Gegensatz, in
dem in meinen Ausführungen sich das belehrende Element
30 mit dem unterhaltenden befinden soll. In Wirklichkeit
habe ich nicht den geringsten Grund, von einer der beiden
Diderotschen die Kunst beherrschenden Konstituanten
Unterhaltung und *Belehrung* abzugehen. Nur ist, was z. B.
das Proletariat belehrt oder was das Proletariat lehrt, für

das Bürgertum nicht besonders unterhaltend und die Unterhaltung der bürgerlichen Kunst für das Proletariat nicht besonders belehrend. Das Hinzuziehen sozialer Motivreihen, überhaupt soziale Charakterisierung vermittelt dem bürgerlichen Ästhetiker (siehe »Maß und Wert«) den Eindruck, das Biologische komme dann zu kurz, und er erwartet (und findet dann natürlich auch) keine runden Individuen mehr gestaltet (nur noch Puppen an Drähten). Die sozialen Bedingungen betrachtet er nämlich als Drähte und an Drähten können nur Puppen sich bewegen, nicht Menschen. Überhaupt behandeln sie mich einfach deshalb als »reinen Doktrinär«, weil sie bei mir Doktrinen finden.

Ich würde Ihnen all das nicht schreiben, wenn nicht meine Arbeiten tatsächlich Formulierungen enthielten, die geeignet sind, die Diskussion auf diese Basis zu schieben, wo gar nichts herauskommt. Die Diskussion *Gefühl oder Verstand* verdunkelt nämlich nur die Hauptsache, die sich aus meinen Arbeiten (besser Versuchen) ergibt für die Ästhetik: *daß ein bisher als konstituierend angesehenes Phänomen, die Einfühlung, neuerdings in einigen künstlerischen Werken mehr oder weniger ausgeschaltet wurde.* (Das Gefühl ist damit ja keineswegs ausgeschaltet worden.)

Mit kameradschaftlichem Gruß
Ihr
bertolt brecht

Stockholm, Juli 39

(GBA 29, S. 149 f.)

[Gedichte aus *Mahagonny* und dem Umkreis]

Tahiti

1
Der Schnaps ist in die Toiletten geflossen
Die rosa Jalousien herab
Der Tabak geraucht, das Leben genossen
Wir segelten nach Tahiti ab.

2
Wir fuhren auf einem Roßhaarkanapee
Stürmisch die Nacht und hoch ging die See
Das Schiff, es schlingert, die Nacht, sie sank weit
Sechs von uns drei hatten die Seekrankheit.

3
Tabak war da, Schnaps, Papier, Irrigator
Das Bettlakensegel von Topp bedient
Mit: Gedde, zieh dich aus, es wird heiß, der Äquator!
Und: Bidi, setz den Hut fest, der Golfstromwind!

4
Kap Good Horn passierend durch Riechgewässer
Welch ein Kampf mit Piraten und eisgrünem Mond!
Welch ein Taifun bei Java! Drei Menschenfresser
Sangen: Nearer, my God! in den Horizont.

5
Hinter Java mußte schließlich noch Schnaps fließen
Denn Bidi mußte Topp standrechtlich erschießen
Zwei Tage später bekam Gedde von einer Möwe ein Kind
Und sie fuhren weiter zu dritt gegen den Nordpassat-
wind.

           (GBA 13, S. 238; entstanden um 1921)

ACH IN MAHAGONNI war die Jenny schlecht gestellt
Ach Jimmi, wenn du Geld bei hast
Dann leih mir 'n Geld
Ach Jimmi geh auf
Das ist   5
Ein Gentleman bezahlt es, Jenny
Und Jenny
Ach Jenny, warum ißt du nichts mehr
Du siehst so weiß wie
Ja hast du denn kein Geld mehr, Jenny   10

1

Ach; setz dich auf mein Knie
Ach je, ach ich liebte nie
Ach trink aus meinem Glase, Jenny

2   15

Ach Jenny, liebe Jenny mein
Die Herrn sehn immer auf mein Bein
Mein Bein ist nur für dich da, Jenny

Rund ist der Dollar und rund ist die Welt
Wer Geld hat, braucht Lieb   20
Wer keins hat, braucht Geld
                                    (GBA 13, S. 273; entstanden um 1923)

DER KAUGUMMI-SONG

Hauptsächlich haben viele Frauen auf der Welt nur Johnny
gesehen   2
Der der härteste Mann in Mahagonny war
Ja dieser Johnny war für viele der größte Eindruck auf der
Welt
Und seine ganze Philosophie war, daß er Kaugummi
kaute   3

Ganz einfach, ganz einfach
Johnny war in sehr vielen Lebenslagen drin
Warum nicht, warum nicht
Doch in allen Lebenslagen kaute Johnny Kaugummi

5 Tatsächlich haben die meisten Männer schon nach Johnny
geschossen
Der der schönste Mann in Mahagonny war
Johnny selber schoß nur selten
und schoß nur von hinterrücks
10 Weil eine Patrone nicht umsonst ist
wie eine Frau
Ganz einfach, ganz einfach
Johnny schoß nur, wenn es ihm wirklich Spaß machte
Warum nicht, warum nicht
15 *Doch auch hinter seinem Browning kaute Johnny Kau-*
gummi

Tatsächlich haben viele Frauen sich nur für Johnny ge-
schminkt
Der der gemeinste Bursche in Mahagonny war
20 Johnny selber liebte selten
und nur in Kleidern unbedingt
Dann auch am Sonntag vormittag
bei offner Tür
und lang
25 Ganz einfach, ganz einfach
Johnny war ebenso scharf auf geschminkte Mädchen wie
wir
Warum nicht, warum nicht
Doch bei ihm geschah es niemals ohne Kaugummi

30 Mit der Zeit wollten viele Leute Mahagonny lieber ohne
Johnny sehn
Der der einzige Mann in Mahagonny war

Und Johnny starb auch, ja er selber wollte lange nicht so
recht
Weil's mit dem Tod, meine Herren, nicht so leicht geht
wie mit einer Frau
Nicht so einfach, nicht so einfach
Jedoch Johnny war schnell dann im Bilde im Verrecken
Und warum nicht, ja warum nicht
Und auch auf dem Sterbebette kaute Johnny Kaugummi
(GBA 13, 288 f.; entstanden um 1924)

FREUDENHEIM VON M

1
Bei Mamma ...
Kostete die Frau fünf Dollars
Das war eben Mahagonny
Wir *standen* die halbe Nacht ab sechs abends an
Mit einer Zeitung und unserm Trockenbrot
Schossen durch angelehnte Teakholztür
Und schossen und sangen von Zeit zu Zeit
Johnny mach rascher, denn der grüne
Mond geht unter

2
Bei Mamma ...
Ging es streng der Reihe nach
Das war eben Mahagonny, das war eben Mahagonny
Heute vögeln wir nur mit Revolvern in den Flossen
Gegen die angelehnte Teakholztür
Wo sie sangen die ganze Zeit:
Johnny mach rascher, denn der grüne
Mond geht unter

3
Bei Mamma …
Lernte jeder Mann den savoir vivre
Das war eben Mahagonny
5 So ein Mann wußte fürs Leben
Was die Liebe ist
Und davon hat noch seine Frau was später:
  Denn er hört auch ohne Teakholz
  Einen alten Gesang und Schießen und:
0   (GBA 13, S. 291; entstanden um 1924)

MAHAGONNYSONG NO. 4

1
Ach Johnny, hab nicht so
Viele Angst um deinen Kopf
5 Dann zerschlägst du Jack Dempsey
Wie einen alten Topf!
Sei ein Mann
Geh nur ran
Mein Sohn!
0 Und wenn du über die Runden kommst
Dann komm nach Mahagon!
Und sitzt du einmal bei den
Mahagonnyleuten
Nun dann rauchst du auch
5 *Und aus euren gelben Häuten*
Steigt Rauch.
Himmel wie Pergament
Goldener Tabak
Solang San Franzisko brennt
0 *Sitzen wir im Sak-*
ko

2
Ach Johnny, wenn du mal
Deinen Wolkenkratzer hast
Dann ist es höchste Eisenbahn
Daß du ihn fahren läßt!
Sei ein Mann
Kleb nicht dran
Mein Sohn!
Schau, daß du wieder runter kommst
Und komm nach Mahagon!
Und sitzt du einmal bei den
Mahagonnyleuten
Nun dann rauchst du auch
Und aus euren gelben Häuten
Steigt Rauch.
Himmel wie Pergament
Goldener Tabak
Solang San Franzisko brennt
Sitzen wir im Sak-
ko

(GBA 13, S. 297 f.; entstanden um 1924/25)

MAHAGONNYSONG NO. 4

> Deine Beine wie Billardqueus
> Die ein Orang defloriere
> In den blassen Schenken von Mahagonny
> Wer weiß, wer die alles rasierte

1

Zu den Burschen im gelben Fieber
Hast du dich gelegt, man weiß es
In den heißen Nächten von Mahagonny
Ihre Körper mißbraucht statt des Eises
Immer deine Beine
Immer nur sagten sie das

Manchem Burschen der seine
War schon wie Gummi, du Aas
Aber wenn du schon nicht wartest, bis mich deine Krank-
heit frißt
5 *Warte gefälligst, meine Geliebte, bis mein Hemd getrock-*
net ist

2
Ja die alten Männer beim Karten
Schlossen oft ihr Aug und bebten
10 Und gedachten der Zeiten in Mahagonny
Fern vom Pokertisch, als sie noch lebten
Über deinem Leibe
Hat sich mancher gewiegt
Daß er bei seinem Weibe
15 *Nur noch mit dem Schuhlöffel liegt*
Aber wenn du schon nicht wartest, bis die kalte Zeit mich
frißt
Warte gefälligst, meine Geliebte, bis mein Hemd getrock-
net ist

20 3
Die Jungfrau hörte oft bitten
Den Mann, eingeweckt in Whisky
Solle ihn nicht führen nach Mahagonny
Vor sein Messer vertrunken für Whisky
25 *Immer deine Beine*
Immer nur sagten sie das
Manchem Burschen der seine
War schon wie Gummi, du Aas
Aber wenn du schon nicht wartest, bis ihn deine Krankheit
30 *frißt*
Warte gefälligst, liebe Geliebte, bis sein Hemd getrocknet
ist

(GBA 13, S. 298 f.; entstanden um 1924/25)

Können ihm Essig holen

Können sein Gesicht abreiben
Können die Beißzange holen
Können ihm die Zunge herausziehen
Können einem toten Mann nicht helfen.   5

Können ihm gut zureden
Können ihn anbrüllen
Können ihn liegen lassen
Können ihn mitnehmen
Können einem toten Mann nicht helfen.   10

Können ihm Geld in die Hand drücken
Können ihm ein Loch graben
Können ihn hineinstopfen
Können ihm die Schaufel hinaufhauen
Können einem toten Mann nicht helfen.   15

Können wohl von seinen großen Zeiten reden
Können seine große Zeit vergessen
Können ihm ein sauberes Hemd anziehen
Können einem toten Mann nicht helfen.
                    (GBA 13, S. 316; entstanden um 1925)   20

Der Johnnywillkeinmenschsein-Song

Ihr habt gelernt das Cocktail-ABC
Ihr habt den Mond die ganze Nacht gesehn
Geschlossen wird die Bar von Mandelay
Und es ist immer noch nichts geschehn.   25
(O Jungens, es ist immer noch nichts geschehn.)

1

Ich glaube, ich will meinen Hut aufessn
Ich glaube, da werde ich satt
Warum soll einer nicht seinen Hut aufessn
5 Wenn er sonst nichts zu tun hat?
    Ihr habt gelernt das Cocktail-ABC
    Ihr habt den Mond die ganze Nacht gesehn
    Geschlossen wird die Bar von Mandelay
    Und es ist immer noch nichts geschehn.
10   (O Jungens, es ist immer noch nichts geschehn.)
    O Johnny, bleibe kalten Bluts
    Es ist die Luft von Mandelay
    Johnny will seinen Hut aufessen
    Warum willst du denn deinen Hut aufessen?
15   Du bist ein tolles Huhn, Johnny
    Nein, das kannst du nicht tun, Johnny
    Treib es uns nicht zu dick
    Johnny, da ist ein Strick
    Wir schlagen dich einfach nieder
20   Johnny, bis du wieder
    Ein Mensch bist!
(Jungens, ich will doch gar kein Mensch sein.)

2

Ich glaube, ich will meine Frau nicht mehr haben
25 Ich glaube, ich habe sie satt
Warum soll einer seine Frau immer haben
Wenn er sonst auch nichts mehr hat?
    Ihr habt gelernt das Cocktail-ABC
    Ihr habt den Mond die ganze Nacht gesehn
30   Geschlossen wird die Bar von Mandelay
    Und es ist immer noch nichts geschehn.
    (O Jungens, es ist immer noch nichts geschehn.)
    O Johnny, bleibe kalten Bluts
    Es ist die Luft von Mandelay

Johnny will seine Frau nicht mehr haben
Warum willst du denn deine Frau nicht mehr haben?
Du bist ein tolles Huhn, Johnny
Nein, das kannst du nicht tun, Johnny
Treib es uns nicht zu dick   5
Johnny, da ist ein Strick
Wir schlagen dich einfach nieder
Johnny, bis du wieder
Ein Mensch bist!
(Jungens, ich will doch gar kein Mensch sein.)   10

3
Ich glaube, ich müßte nach Georgia fahrn
Ich glaube, da ist eine Stadt
Warum soll einer nicht nach Georgia fahrn
Wenn er sonst nichts zu tun hat?   15
    Ihr habt gelernt das Cocktail-ABC
    Ihr habt den Mond die ganze Nacht gesehn
    Geschlossen wird die Bar von Mandelay
    Und es ist immer noch nichts geschehn
    (O Jungens, es ist immer noch nichts geschehn.)   20
    O Johnny, bleibe kalten Bluts
    Es ist die Luft von Mandelay
Johnny will nach Georgia fahren
Warum willst du denn nach Georgia fahren?
Du bist ein tolles Huhn, Johnny   25
Nein, das kannst du nicht tun, Johnny
Treib es uns nicht zu dick
Johnny, da ist ein Strick
Wir schlagen dich einfach nieder
Johnny, bis du wieder   30
Ein Mensch bist!
(Jungens, ich will doch gar kein Mensch sein.)
            (GBA 13, S. 354–356; entstanden um 1926)

DIE STÄDTE

Unter ihnen sind Gossen.
In ihnen ist nichts. Und über ihnen ist Rauch.
Wir waren drinnen. Wir haben sie genossen.
5 Wir vergingen rasch. Und langsam vergehen sie auch.

                (GBA 13, S. 356; entstanden um 1926)

MANDELAY SONG

Mutter Goddams Puff in Mandelay
Sieben Bretter an der grünen See
10 Goddam, was ist das für'n Etablissement
Da stehen jetzt schon fünfzehn die Bretterwand entlang
In der Hand die Uhr und mit Hohé!

Gibt's denn nur ein Mensch in Mandelay?
Menschen sind das Schönste auf der Welt
15 Denn die sind zum Teufel wert ihr Geld
Und es wäre alles einfach in der Ordnung
Wenn der Mensch, der drin ist, nicht so langsam wär.

Nehmt den Browning, schießt mal durch das Türchen
Denn der Mensch, der drinnen, hindert den Verkehr
20 Rascher Johnny, he! Rascher Johnny, he!
Stimmt ihn an, den Song von Mandelay!
Liebe, die ist doch an Zeit nicht gebunden
Johnny, mach rascher, denn hier geht's um Sekunden
Ewig nicht steht der Mond über Dir, Mandelay!
25   (GBA 13, S. 359; entstanden um 1926)

Lied der Jenny

Meine Herrn, meine Mutter prägte
Auf mich ein schlimmes Wort
Das Kind wird enden im Schauhaus
Oder an einem noch schlimmeren Ort.   5
Ja, so ein Wort, das ist leicht gesagt
Aber ich sage euch, daraus
Wird nichts
Das könnt ihr nicht machen
Mit mir   10
Was aus mir noch wird, das
Werden wir sehen
Ein Mensch ist kein Tier.
Aber ich sage euch, daraus
Wird nichts   15
Das könnt ihr nicht machen
Mit mir
Was aus mir noch wird, das
Werden wir sehen
Ein Mensch ist kein Tier.   20
Denn wie man sich bettet, so liegt man
Es deckt einen keiner da zu
Und wenn einer tritt, dann bin ich es
Und wird einer getreten, dann bist's du.

Meine Herrn, mein Freund, der sagte   25
Mir damals ins Gesicht
Das Größte auf Erden ist Liebe
An morgen denkt man da nicht.
Ja Liebe, das ist leicht gesagt
Aber solang der Mensch jeden Tag älter wird   30
Und nicht jünger
Ist Liebe Dreck
Da wird man nicht nach Liebe gefragt

Da muß man seine Zeit benützen
Sonst schwimmt einem eben alles weg.
Aber ich sage euch, daraus
Wird nichts
5 Das könnt ihr nicht machen
Mit mir
Was aus mir noch wird, das
Werden wir sehen
Ein Mensch ist kein Tier.
10 Aber ich sage euch, daraus
Wird nichts
Das könnt ihr nicht machen
Mit mir
Was aus mir noch wird, das
15 Werden wir sehen
Ein Mensch ist kein Tier.
Denn wie man sich bettet, so liegt man
Es deckt einen keiner da zu
Und wenn einer tritt, dann bin ich es
20 *Und wird einer getreten, dann bist's du.*

Ich kann nicht mit dir rumgehn, Jimmy
Ja Jimmy, es tut mir leid
Du bist mir noch der Liebste, aber
Du stiehlst mir meine Zeit
25 Ich muß die kurze Zeit benützen
Jimmy
Sonst schwimmt mir alles weg
Ich habe nur eine Jugend und
Die langt nicht
30 Weißt du, Jimmy
Ich bin ein Dreck.
Ach Jimmy, meine Mutter prägte
Auf mich ein schlimmes Wort
Ich würde enden im Schauhaus

Oder an einem noch schlimmeren Ort.
Aber ich sage euch, daraus
Wird nichts
Das könnt ihr nicht machen
Mit mir
Was aus mir noch wird, das
Werden wir sehen
Ein Mensch ist kein Tier.
Aber ich sage euch, daraus
Wird nichts
Das könnt ihr nicht machen
Mit mir
Was aus mir noch wird, das
Werden wir sehen
Ein Mensch ist kein Tier.
Denn wie man sich bettet, so liegt man
Es deckt einen keiner da zu
Und wenn einer tritt, dann bin ich es
Und wird einer getreten, dann bist's du.

         (GBA 13, S. 382–385; entstanden 2. Halbjahr 1927)

1

ALS ICH MEIN BRAUTKLEID ANZOG
Meine Mutter bei mir stand
»Er wird dir sagen, du sollst dich
Ihm geben ganz in die Hand.«
Ja, Hingabe, das ist leicht gesagt!
Da sind sie alle dafür!
Und dann nehmen sie, was da gegeben ist
Und dann sagen sie, daß das kein Leben ist
Und gehn in eine andere Tür.
Denn wie man sich bettet, so liegt man
Zudeckt einen keiner da mehr.
Drum, wenn einer tritt, dann sei du es
Und wird einer getreten, dann sei's er!

2

Noch war kein Jahr vergangen
Da wußt ich, was sie gemeint
Mit ihrem »Einer von euch wird lachen
5   Und einer wird sein, der weint.«
»Sei liebevoll!« ist leicht gesagt!
Es kommt darauf an, wer der Starke ist!
Mein Kind, das glaube mir.
Entweder zeigst du ihm, was 'ne Harke ist
10   Oder er zeigt es dir.
Denn wie man sich bettet, so liegt man
Zudeckt einen keiner da mehr.
Drum, wenn einer tritt, dann sei du es
Und wird einer getreten, dann sei's er!
15   (GBA 14, S. 7f.; entstanden vermutlich 1. Halbjahr 1928)

TERZINEN ÜBER DIE LIEBE

Sieh jene Kraniche in großem Bogen!
Die Wolken, welche ihnen beigegeben
Zogen mit ihnen schon, als sie entflogen

20   Aus einem Leben in ein andres Leben.
In gleicher Höhe und mit gleicher Eile
Scheinen sie alle beide nur daneben.

Daß also keines länger hier verweile
Daß so der Kranich mit der Wolke teile
25   Den schönen Himmel, den sie kurz befliegen

Und keines andres sehe als das Wiegen
Des andern in dem Wind, den beide spüren
Die jetzt im Fluge beieinander liegen.

So mag der Wind sie in das Nichts entführen;
Wenn sie nur nicht vergehen und sich bleiben
So lange kann sie beide nichts berühren

So lange kann man sie von jedem Ort vertreiben
Wo Regen drohen oder Schüsse schallen.   5
So unter Sonn und Monds wenig verschiedenen Scheiben

Fliegen sie hin, einander ganz verfallen.

Wohin, ihr?
            Nirgendhin.

Von wem entfernt?   10
                    Von allen.

Ihr fragt, wie lange sind sie schon beisammen?
Seit kurzem.
                    Und wann werden sie sich trennen?
                                            Bald.   15
So scheint die Liebe Liebenden ein Halt.
                    (GBA 14, S. 15 f.; entstanden 1928)

DEUTSCHE FASSUNG DES BENARES-SONG (NR. 19)

1
Es gibt kein' Whisky in der Stadt   20
Weil niemand so viel Geld mehr hat.
Oh!
Wo ist das Telephon?
Ist hier kein Telephon?
O Sir, God damn me, no.   25

Let's go to Benares
Where the sun is shining.

Let's go to Benares
Jonny let us go.

2
Benares ist 'ne bess're Stadt
5 Weil dort der Mensch fürs Geld was hat.
Oh!
Wo ist das Telephon?
Ist hier kein Telephon?
O Sir, God damn me, no.

10 Let's go to Benares
Where the sun is shining.
Let's go to Benares
Jonny let us go.

3
15 Ach, in der guten alten Zeit
War money nicht so knapp wie heut
Oh!
Wo ist das Telephon?
Ist hier kein Telephon?
20 O Sir, God damn me, no.

Weh, o weh.
Benares ist von einem Erdbeben vernichtet
Oh, my good Benares
Oh, where shall we go!
25 Weh, o weh!
Benares ist von einem Erdbeben vernichtet.
O my good Benares
Oh, where shall we go!
Where shall we go!
30 (GBA 14, S. 20 f.; Erstdruck: Februar 1930. Die englische Fas-
sung besorgte Elisabeth Hauptmann 1925)

Kommentar

Zeittafel zu *Aufstieg und Fall der Stadt Mahagonny*

1898   10.2.: Geburt von Bertolt Brecht in Augsburg.

1900   2.3.: Kurt Weill wird in Dessau geboren.

1922   Der Shimmy »Komm nach Mahagonne!« (Musik: Leopold Krauss-Elka, Text: O. E. Alberts) erscheint als Notendruck im Figaro Verlag Wien, Berlin. Der Modetanz wird durch mindestens drei Schallplatteneinspielungen populär: mit dem Bohème-Orchester (Beka Nr. 31863), dem Corelli-Orchester (Favorite Records Nr. 1–3179) und dem Ensemble Sándor Józsi (Odeon Nr. Xbe 3439 [A 44148]).

1924   Anfang: Brechts »Mahagonnygesänge« bzw. »Mahagonnysongs« entstehen. Nr. 1–3 erscheinen 1927 in der *Hauspostille*; zwei Mahagonnysongs »No. 4« werden in *Hauspostille*, Songspiel und Oper nicht übernommen.
Brecht schreibt an der Entwurf gebliebenen Oper *Sodom und Gomorrha/Mann aus Manhattan*.
Juli: Erstmals erwähnt Brecht in seinem Tagebuch den Titel »Mahagonny« im Zusammenhang mit einem geplanten Opernprojekt für seine Ehefrau, die Mezzosopranistin Marianne Zoff.

1925   Brechts »Alabama Song« und »Benares Song« entstehen in Zusammenarbeit mit Elisabeth Hauptmann und erscheinen 1927 in der *Hauspostille*.
21.11.: Franz S. Bruinier, Brechts erster Komponist, vertont den »Alabama Song«.

1926   Brecht entwirft die unvollendet gebliebenen Stücke *Sintflut* und *Untergang der Paradiesstadt Miami*.

1927   März: Vermutlich erstes Zusammentreffen von Brecht und Kurt Weill, bei dem der Komponist für das Opernprojekt *Mahagonny* gewonnen wird.
April: Die Gedichtsammlung *Bertolt Brechts Hauspostille* erscheint im Propyläen-Verlag Berlin; im Notenanhang sind Brechts Melodien zu den »Mahagonny-Liedern« I-III sowie zum »Alabama Song« und »Benares Song« abgedruckt. Die fünf Texte erscheinen unter »4. Lektion: Mahagonnygesänge«.

2.5.: Weill unterrichtet seinen Verlag, die Universal-Edition Wien (nachfolgend: UE) vom »plötzlichen« Einfall, gemeinsam mit Brecht ein »Songspiel« *Mahagonny* für das Musikfest Deutsche Kammermusik Baden-Baden 1927 zu schreiben. Es soll eine »Stil-Studie« für die geplante Oper werden.

17.7.: Uraufführung des Songspiels *Mahagonny* in Baden-Baden.

September–Anfang Dezember: Brechts Opernlibretto zu *Aufstieg und Fall der Stadt Mahagonny* entsteht.

18.11.: Weill teilt der UE mit, dass er »täglich« mit Brecht am Libretto arbeite und mit der Vertonung »bereits begonnen« habe.

24.11.: Weill informiert die UE über den Libretto-Abschluss des 2. Aktes.

8.12.: Weill sendet der UE »eine Inhaltsangabe von *Mahagonny*«.

16.12.: UE-Verlagsdirektor Emil Hertzka bemängelt die »Wildwest-Realistik« in der »Inhaltsangabe« bzw. dem »Exposé« und fordert stattdessen eine »Dosis positiver menschlicher Eigenschaften«.

1928 15.2.: Der »Alabama Song« aus dem Songspiel kommt als Notendruck für Gesang und Klavier heraus; er wird schnell populär.

29.3.: Weill teilt der UE mit, dass er plane, im Sommer die gesamte Partitur abzuschließen.

17.10.: Da der Auftrag für die *Dreigroschenoper* die Fertigstellung der Oper verhindert hat, verspricht Weill, nun »mit Hochdruck« die Partitur vollenden zu wollen.

1929 5.2.: Weill informiert die UE, dass er die Partitur zum 1. Akt »in ca. 10 Tagen« abschließen werde.

25.3.: Weill hofft auf Abschluss des 2. Aktes »in spätestens acht Tagen«, wie er der UE berichtet.

21.4.: Weill teilt der UE mit, dass er die Partitur des 3. Aktes in wenigen Tagen beendet haben wird.

Ende April: Abschluss der Partitur; Weill notiert auf der letzten Seite: »Ende der Oper / April 1927–April 1929«.

Juni: Brechts wahrscheinliche Umarbeitung von »Die

Liebenden« zum erweiterten »Duett von Kranich und Wolke« zwecks Einfügung in die Oper.

10.6.: Die UE wird von Weill über eine Alternativ-Fassung der Liebesszene informiert.

18.6.: Die UE stoppt den Druck des Librettos, bis die »unmoralische« Liebesszene umgeschrieben ist.

13.7.: Der Dirigent Otto Klemperer verzichtet auf die geplante Uraufführung an der Berliner Staatsoper am Platz der Republik.

19.8.: Weill teilt der UE mit, dass er gemeinsam mit Caspar Neher einen »Aufführungskommentar« zur Oper verfasst.

9.9.: Vertragsabschluss mit dem Neuen Theater Leipzig über die Uraufführung der Oper.

1.10.: Weill übermittelt der UE die Neufassung der 14. Szene (Lieben) mit dem »Duett von Kranich und Wolke« als Klavierauszug. Er fordert, dass die gestrichene alte Szenenfassung als Anhang erhalten bleiben müsse. Die Instrumentierung des Duetts wird erst im November abgeschlossen.

11.11.: Der Erstdruck des Librettos erscheint in der 1. Auflage mit 502 Exemplaren und soll als Ansichtsmaterial den Bühnen zur Verfügung stehen. Aus Szene 13 der Urfassung ist hier mit dem eingefügten »Duett von Kranich und Wolke« die überarbeitete Szene 14 (Lieben) entstanden.

25.11.: Weill erhält ein Exemplar des frisch gedruckten Klavierauszugs.

1.12.: Weill übermittelt der UE das *Vorwort zum Regiebuch der Oper »Aufstieg und Fall der Stadt Mahagonny«* zur Veröffentlichung in der hauseigenen Zeitschrift *Musikblätter des Anbruch*.

31.12.: Brecht und Weill verlangen, dass für Inszenierungen in Deutschland die englischen Namen der Stückfiguren in deutsche umgewandelt werden und machen Vorschläge.

1930   24.1.: Die UE erhält von Weill das Regiebuch als Typoskript. Titel: *Caspar Neher und Kurt Weill./Vorschläge*

*zur szenischen/Ausführung der Oper/AUFSTIEG UND
FALL DER STADT MAHAGONNY.* Das Regiebuch
bleibt bis zum Jahr 2000 verschollen.

11.2.: An Weill wird die frisch gedruckte Partitur ge-
sandt.

26.2.: Für die 2. Auflage des Libretto-Erstdrucks werden
von geplanten 5 000 Exemplaren zunächst 500 Stück
ausgeliefert, im Anhang ist eine deutsche Fassung des
»Benares-Songs«.

28.2.: Die restlichen 4 500 Exemplare der 2. Auflage
werden ausgeliefert.

6.3.: Der Leipziger Sender überträgt Weills Einführungs-
vortrag zur Oper.

9.3.: Uraufführung der Oper *Aufstieg und Fall der Stadt
Mahagonny* am Neuen Theater Leipzig. Der Programm-
zettel vermerkt: »Oper in drei Akten – Musik von Kurt
Weill – Text von Bert Brecht / Bühnenbilder und Projek-
tionen: Caspar Neher / Musikalische Leitung: Gustav
Brecher – Spielleitung: Walther Brügmann«. Mit Marga
Dannenberg (»Leokadja Begbick«), Hanns Fleischer
(»Willy, der ›Prokurist‹«), Walther Zimmer (»Virginia-
Moses«), Mali Trummer (»Jenny«), Paul Beinert (»Jo-
hann Ackermann«), Hanns Hauschild (»Jacob
Schmidt«), Theodor Horand (»Heinrich [genannt Spar-
büchsenheinrich]«), Ernst Osterkamp (»Josef Lettner
[genannt Alaskawolfjoe]«), Alfred Holländer (»Tobby
Higgins«).

12.3.: Zeitgleiche Premieren am Landestheater Braunschweig und am Staatlichen Theater Kassel (Regie in Kassel: Jacob Geis, Musikalische Leitung: Maurice de Abravanel).

14.3.: Weill teilt der UE mit, dass er und Brecht planen,
eine Opernfassung für Sprechtheater herzustellen sowie
das Orchester auf ca. 15 Musiker zu verringern (nicht
realisiert). Auch habe er mit Brecht an einer »Klarstel-
lung der Vorgänge im 3. Akt« gearbeitet.

21.3.: Weill informiert die UE über eine Schallplatten-
produktion des Labels Ultraphon (Lotte Lenja singt den

»Alabama Song« sowie »Denn wie man sich bettet«) und über zwei weitere Plattenprojekte des Labels Homocord.

25.3.: Weill übermittelt der UE den Klavierauszug mit »endgültigen Änderungen«.

4.4.: Weill wird durch die UE über den Vertragsabschluss mit Max Reinhardts Deutschem Theater über die Berliner Erstaufführung informiert (nicht realisiert).

12.4.: In der Berliner Rundfunksendung »Für oder wider Mahagonny?« wird Musik aus der Oper gebracht (Musikalische Leitung: Theo Mackeben).

Mai: Die UE prüft Verfilmungsmöglichkeiten der Oper, die aber nicht realisiert werden.

4.5.: Da Max Reinhardt am Deutschen Theater (Berlin) plant, die Oper mit singenden Schauspielern aufzuführen, schlägt Weill Marlene Dietrich (als Jenny) vor. Die Inszenierung kommt nicht zustande.

6.6.: Die 3. Auflage des Libretto-Erstdrucks wird in 1 014 Exemplaren ausgeliefert.

17.7.: Premiere der Oper am Neuen Deutschen Theater in Prag (Regie: Max Liebl, Musikalische Leitung: Georg Szell).

August: Brechts Aufsatz »Zur Soziologie der Oper« wird mit seinen Anmerkungen zur Oper *Mahagonny* in der Zeitschrift *Musik und Gesellschaft. Arbeitsblätter für soziale Musikpflege und Musikpolitik* (Heft 4) erstmals veröffentlicht.

16.10.: Premiere am Opernhaus in Frankfurt am Main (Regie: Herbert Graf, Musikalische Leitung: Hans Wilhelm Steinberg).

Dezember: Im Gustav Kiepenheuer Verlag Berlin erscheinen *Aufstieg und Fall der Stadt Mahagonny* sowie Brechts »Anmerkungen zur Oper ›Aufstieg und Fall der Stadt Mahagonny‹« in Heft 2 der *Versuche* 4–7. Diese Textfassung weicht von den 1929/30 veröffentlichten drei Erstdruck-Auflagen erheblich ab. Die *Versuche*-Fassung wird verbindlich für den Nachdruck in allen Ausgaben und Übersetzungen der Werke Brechts, einschließlich der GBA.

1931   1.12.: Weill teilt der UE mit, dass für die fest geplante Aufführung im Theater am Kurfürstendamm (Berlin) »eine ganze Reihe von Änderungen« erfolgen.

21.12.: Die Oper wird am Theater am Kurfürstendamm als Gastspiel der »Ernst Josef Aufricht-Produktion« aufgeführt; Regie und Bühnenbild besorgt Caspar Neher, die musikalische Leitung hat Alexander von Zemlinsky. Mit Trude Hesterberg (»Leokadja Begbick«), Maris Wetra (»Willy, der ›Prokurist‹«), Franz Forrow (»Dreieinigkeitsmoses«), Lotte Lenja (»Jenny Hill«), Harald Paulsen (»Johann Ackermann«), Albert Peters (»Jacob Schmidt«), Silvio Carli (»Heinrich Gabler [genannt Sparbüchsenheinrich]«), Heinrich Gretler (»Josef Lettner [genannt Alaskawolfjoe]«). Im Programmheft erscheint das »Duett von Kranich und Wolke« erstmals als Gedicht (Titel: »Terzinen über die Liebe«).

1932   Die UE veröffentlicht einen Sammelband mit sechs Stücken aus der Oper für Gesang und Klavier.

11.1.: Karl Kraus liest in Berlin öffentlich die Szenen 14 (mit dem »Duett von Kranich und Wolke«) und 18; Weill wirkt (nur hier) als Pianist mit. Weitere Lesungen finden Ende 1932 in München, Prag und Wien statt.

2.2.: Weill informiert die UE über einen neuen Opernquerschnitt des Plattenlabels Electrola, den er positiv bewertet.

26.4.: Premiere am Raimund-Theater Wien durch ein Gastspiel der »Wiener Opernproduktion«. Regie: Hans W. Heinsheimer, der mit Max Brand auch die künstlerische Leitung hat. Musikalische Leitung: Gottfried Kassowitz; mit Lotte Lenja (Jenny) und Otto Pasetti (Jim).

1933   30.12.: Premiere der Oper am Kopenhagener Det ny teater durch die »Operngesellschaft von 1932«.

1935   Brecht schreibt den Aufsatz »Über die Verwendung von Musik für ein episches Theater«.

7.11.: Weill versucht am New Yorker Broadway eine Aufführung der Oper durchzusetzen.

1938   24.5.: Eröffnung der Düsseldorfer Ausstellung *Entartete Musik*, in der u. a. auch *Aufstieg und Fall der Stadt Mahagonny* als Beispiel präsentiert wird.

Ende Mai: *Aufstieg und Fall der Stadt Mahagonny* erscheint zusammen mit den überarbeiteten »Anmerkungen« in Band 1 von Brechts *Gesammelten Werken* im exilierten Malik-Verlag London.

1940 9.4.: 1958 Exemplare des Libretto-Erstdrucks aller drei Auflagen werden in der Universal-Edition durch die Gestapo beschlagnahmt und vermutlich vernichtet.

1946 26.9: Der neue Leiter der UE, Alfred Schlee, informiert Weill brieflich, dass während der Nazizeit »einiges doch von der Gestapo beschlagnahmt« wurde. »Dazu gehört zu meinem grossen Bedauern *Mahagonny*.« Erst nach Weills Tod stellt sich im Sommer 1952 heraus, dass die Partitur erhalten ist.

1950 3.4.: Weill stirbt in New York an Herzversagen und wird am 5.7. auf dem Friedhof Mount Repose in Haverstraw, nahe New City beerdigt.

1955 *Aufstieg und Fall der Stadt Mahagonny* wird im Band 3 der *Stücke* Brechts (Suhrkamp Verlag und Aufbau-Verlag Berlin/DDR) veröffentlicht.

1956 14.8.: Brecht stirbt in Berlin an den Folgen eines Herzinfarkts. Er wird am 17.8. auf dem Dorotheenstädtischen Friedhof in Berlin beerdigt.
Die erste Schallplatten-Gesamtaufnahme von *Aufstieg und Fall der Stadt Mahagonny* erscheint beim Label Columbia unter Mitwirkung und Aufsicht Lotte Lenyas (sie hatte in den USA ihren Nachnamen amerikanisiert); die musikalische Leitung hat Wilhelm Brückner-Rüggeberg.

1957 9.11.: Erste deutsche Nachkriegsaufführung am Landestheater Darmstadt (Regie: Harro Dicks, Musikalische Leitung: Helmut Franz).

1962 16.9.: Premiere an der Hamburgischen Staatsoper (Regie: Egon Monk, Musikalische Leitung: János Kulka).

1963 Januar: Englische Premieren in Stratford (9.1.) und London (16.1.).

1964 29.2.: Premiere an der Piccola Scala in Mailand (Regie: Giorgio Strehler).
2.5.: Premiere an der Deutschen Staatsoper Berlin/DDR (Regie: Fritz Bennewitz).

1966 1.12.: Nachkriegspremiere am Frankfurter Opernhaus (Regie: Harry Buckwitz, Musikalische Leitung: Wolfgang Rennert).

1967 Januar: Die US-amerikanische Rockband »The Doors« bringt ein gleichnamiges Debütalbum mit ihrer Version des »Alabama Songs« heraus.

24.5.: Premiere an der Württembergischen Staatsoper Stuttgart (Regie: Günther Rennert).

22.6.: Premiere am Opernhaus Leipzig (Regie: Joachim Herz, Musikalische Leitung: Walter Hessel).

1969 David Drews revidierter Klavierauszug erscheint in der UE.

1977 30.4.: Premiere an der Komischen Oper Berlin/DDR (Regie: Joachim Herz, Musikalische Leitung: Robert Hanell).

1979 16.11.: Premiere am Metropolitan Opera House in New York (Regie: John Dexter, Musikalische Leitung: James Levine).

1988 Eine CD-Gesamtaufnahme erscheint beim Label Capriccio (Musikalische Leitung: Jan Latham-König).

Aufstieg und Fall der Stadt Mahagonny erscheint im Band 2 der Ausgabe: *Bertolt Brecht: Werke. Große kommentierte Berliner und Frankfurter Ausgabe*, hg. v. Werner Hecht, Jan Knopf, Werner Mittenzwei u. Klaus-Detlef Müller, Berlin u. Weimar/Frankfurt/M. Textgrundlage ist die *Versuche*-Fassung von 1930.

1992 22.3.: Premiere am Württembergischen Staatstheater Stuttgart (Regie: Ruth Berghaus, Musikalische Leitung: Markus Stenz).

1999 31.12.: »Mahagonny-Umzug« in München als »Totentanz des Jahrtausends«; veranstaltet von Brechts Tochter Hanne Hiob und »Roter Wecker«.

2000 Mai: Das bislang verschollene Regiebuch zur Oper wird im Historischen Archiv der UE wiederentdeckt.

12.11.: Premiere an der Hamburger Staatsoper (Regie: Peter Konwitschny, Musikalische Leitung: Ingo Metzmacher).

31.12.: Wiederholung des »Mahagonny-Umzugs«, veranstaltet von Hanne Hiob und »Roter Wecker« in Berlin.

2003   26.–29.6.: Die »International Brecht Society« veranstaltet in Berlin den Kongress »mahagonny.com«.

2005   4.2.: Premiere am Stadttheater Pforzheim (Regie: Jochen Biganzoli, Musikalische Leitung: Jari Hämäläinen).

14.9.: Premiere am Theater Basel (Regie: Nigel Lowery, Musikalische Leitung: Jürg Henneberger).

2009   21.2.: Premiere am Theater Erfurt (Regie: Philipp Himmelmann, Musikalische Leitung: Ewald Donhoffer).

19.4.: Premiere am Theater Trier (Regie: Thilo Reinhardt, Musikalische Leitung: Victor Puhl).

2010   18.6.: Premiere am Staatstheater am Gärtnerplatz München (Regie: Thomas Schulte-Michels, Musikalische Leitung: Andreas Kowalewitz).

30.9.: Premiere am Teatro Real in Madrid (Regie: La Fura dels Baus [Àlex Ollé, Carlus Padrissa], Musikalische Leitung: Pablo Heras-Casado).

2011   23.3.: Premiere an der Oper Köln (Regie: Katharina Thalbach, Musikalische Leitung: Lothar Koenigs).

2012   24.1.: Premiere an der Wiener Staatsoper (Regie: Jérôme Deschamps, Musikalische Leitung: Ingo Metzmacher).

Einführung

Während seiner Schulzeit begann Bertolt Brecht mit dem Schreiben eigener Texte. In rascher Folge sowie in bevorzugter Kollektivarbeit mit Freunden und Mitschülern entstehen nicht nur Lyrik, Dramatik und erste Beiträge für Augsburger Tageszeitungen, sondern auch Texte für den musikalischen Gebrauch. Es sind Lieder, die meist mit selbst erfundenen Melodien und Gitarrenbegleitung zu Gehör gebracht wurden, bühnenmusikalische Liedeinlagen für die ersten Dramen (so für *Baal* 1918), aber auch Texte für Opern-, Operetten- und Oratorienprojekte. Vorerst waren dies noch Pläne im Kleinen oder bestenfalls Entwürfe und Fragmente, doch weisen sie schon auf zweierlei hin: Brecht hatte frühzeitig erkannt, dass seine Texte in Verbindung mit Musik ein neues, komplexes Beziehungsgeflecht von Deutungsebenen eingehen, sich emotional aufgeladener und attraktiver zeigen können.

Erste Pläne

Brecht war in hohem Maße musikalisch, davon zeugt nicht nur sein lebenslanges Bedürfnis nach Verbindung seiner Texte mit Musik, sondern auch seine Fähigkeit, Melodien zu erfinden, sie zu singen und zur Gitarrenbegleitung vorzutragen. Sein Komponist und langjähriger Freund Hanns Eisler (1898–1962) hat Brechts »riesige Musikalität ohne Technik« immer wieder bewundert (Bunge, S. 35; vgl. S. 55).

Aber die nun entstehenden Lieder, Balladen, Arien, Schlager, Songs, Stücke mit Musik und Opern stillen keineswegs Brechts Bedürfnis nach einer wirkungsmächtigen Durchmischung der Künste zum Zweck gegenseitiger Intensivierung oder der Schaffung neuer Ansätze im Musiktheater. Seine zudem auch pragmatischen Überlegungen zielen auf eine Erweiterung der Absatzmärkte für Lyrik und Prosa, denn im Schreiben von Opern und Operetten sieht er eine »zu Unrecht vernachlässigte Absatzmöglichkeit für Lyrik« (Münsterer, S. 27). Brecht will in alle Bereiche der textgebundenen Produktion hineinwirken. Damit erreicht er nicht nur ganz unterschiedliche Schichten von Kunstkonsumenten (und natürlich Käufern), sondern kann mit seiner Erkenntnis, dass die traditionellen bürgerlichen Kunstformen nicht

Erweiterung der Absatzmärkte

mehr in die veränderten Gegebenheiten der Moderne des 20. Jahrhunderts passen, experimentieren: So entstehen während seiner Zusammenarbeit mit Kurt Weill, Paul Hindemith (1895–1963) und Hanns Eisler in der zweiten Hälfte der 1920er-Jahre neue Formen des musikbezogenen Theaters wie Songspiel und Lehrstück. Doch auch auf die traditionelle Oper greift Brecht zurück, weil sie ihn als zentrale Gattung bürgerlichen Kunsterlebnisses und -genusses immer wieder reizt. Er attackiert sie in scharfen, ja bitterbösen Aufsätzen und Kritiken, die er schon in seinen frühen Augsburger Jahren in die Zeitungen bringt und damit für gehöriges Aufsehen sorgt. Zum anderen wird er ab Mitte der 1920er-Jahre – also zu Beginn der professionellen Zusammenarbeit mit Komponisten – immer wieder auch Versuche unternehmen, durch Opernexperimente zu einer neuen Qualität dieser Gattung vorzustoßen. Sie reichen von den mit heftigem Protest verbundenen Aufführungen der Oper *Aufstieg und Fall der Stadt Mahagonny* von 1930 bis zu den Skandalen um die von Paul Dessau (1894–1979) komponierte Oper *Das Verhör des Lukullus/Die Verurteilung des Lukullus* von 1951.

Um 1918 beginnt Brecht, Opern- und Oratorientexte zu schreiben: Als »Gegenentwurf« zu Hans Pfitzners Oper *Palestrina* (1917), die Brecht in München sieht, entsteht der Text zu einem Oratorium (s. GBA 10, S. 7–10), den er einem Gymnasiasten zur Vertonung überlässt; jedoch scheitert das Vorhaben. Im Herbst 1919 entwirft er den Operneinakter *Prärie. Oper nach Hamsun* (GBA 1, S. 329–341), der deutlich geprägt ist von seinem damals noch romantisch eingefärbten Amerika-Bild, das sich aus Romanen und Medienberichten speist. Noch 1924 war Brechts Fantasie durch Amerika angeregt, denn er notiert das Textfragment einer »Oper in 4 Akten« mit dem Titel *Mann aus Manhattan* (GBA 10, S. 1087; S. 321–333). Diese frühen, doch unvertont bleibenden Entwürfe und Fragmente korrespondieren mit seinem ersten vollendeten Opernlibretto *Aufstieg und Fall der Stadt Mahagonny*: Alle spielen mit fantasiebesetzten, exotisch empfundenen Orten.

Brechts starkes Interesse am Musiktheater ist allerdings auch einem privaten Umstand geschuldet: Ende 1919 lernt er in Augs-

burg die Opernsängerin Marianne Zoff kennen, die am Augsburger Stadttheater als Mezzosopran verpflichtet ist. Brecht be-
sucht zahlreiche Vorstellungen, v. a. auch ihretwegen. Sie singt
in Georges Bizets *Carmen*, in Jacques Offenbachs *Orpheus in
der Unterwelt*, in Pietro Mascagnis *Cavalleria Rusticana*, in Be-
dřich Smetanas *Verkaufter Braut*, in Giuseppe Verdis *Rigoletto*
und *Othello* sowie in Richard Wagners *Lohengrin* und in der
Walküre. Wie sehr Brechts Verhältnis zur Oper, namentlich zu

den Musikdramen Wagners, »gespalten« ist, erhellt eine Tage-
buchnotiz vom Oktober 1921:

> »Ich mache das ›Rheingold‹ durch; die Aufführung wird
> scheußlich abgesetzt. Das Orchester leidet an Knochenerwei-
> chung, hier hat alles Plattfüße. Die Göttchen deklamieren
> zwischen ziemlich sorgfältig ausgeführten Kopien von Ver-
> steinerungen der Juraformation, und die Dämpfe aus der
> Waschküche, in der Wotans schmutzige Herrenwäsche ge-
> waschen wird, machen einem übel. Erstaunlich einzig Mari-
> annes schöne, zarte Stimme.« (GBA 26, S. 256)

Brechts kritisch-spöttischer Ton gegenüber zeitgenössischen
Operninszenierungen – insbesondere von Wagner – verleitet ihn
jedoch nicht dazu, sich von der Gattung Oper zu distanzieren.
Im Gegenteil: Er sieht den Zustand der Opernkunst (wie auch
den der Gesellschaft allgemein) als höchst veränderungsbedürf-
tig an. Vermutlich aus dem Jahr 1930 stammt eine Notiz, die sich
zwar auf die im selben Jahr uraufgeführte Oper *Aufstieg und

Fall der Stadt Mahagonny* bezieht, gleichwohl aber Brechts ge-
nerelle Sicht auf Oper und Gesellschaft treffend beschreibt: »Es
kann kein Zweifel darüber bestehen, daß das brauchbarste an
dem Opernversuch Mahagonny *jene Neuerungen* sind, die sich
nicht nur auf die gesellschaftlichen Grundlagen der Oper, sondern auch auf die Möglichkeiten erstrecken, die bestehende Gesellschaft überhaupt von der Oper aus zur Diskussion zu stellen.« (Lucchesi/Shull, S. 126)
Worin bestehen nun Brechts Überlegungen zu einer neuen
Opernkunst? Zunächst sind sie nicht zu trennen von seinen ge-
nerellen Ausführungen zu einem den gesellschaftlichen Entwick-
lungen angepassten Theater. Zwar hat er sich immer wieder
über die Ziele und Wirkungsabsichten seines Theaters geäußert,

dennoch liegt eine in sich geschlossene Theorie zum Sprech- und Musiktheater nicht vor. So sind Brechts Thesen zum epischen Theater in dem 1930 publizierten Aufsatz »Anmerkungen zur Oper ›Aufstieg und Fall der Stadt Mahagonny‹« (GBA 24, S. 74–84) zu finden. Tatsächlich ist es ein Kommentar zur Oper, für den neben Brecht auch Peter Suhrkamp (1891–1959) als Co-Autor zeichnet. Hier werden die epische und dramatische Form des Theaters miteinander verglichen, wobei Brecht betont, dass es nicht um gegensätzliche Positionen gehe, sondern lediglich um »einige Gewichtsverschiebungen« (ebd., S. 78). Brechts Aufsatz stellt dramatische und epische Oper einander gegenüber: In der dramatischen (alten) Oper illustriert, steigert und behauptet Musik den Text, welchen sie zudem psychologisch ausdeutet; das Ganze wird dem Zuschauer in konsumabler, unanstrengender Form serviert. Bei der epischen Oper dagegen setzt die Musik den Text voraus, nimmt Stellung zu ihm, kommentiert ihn also und verzichtet auf untermalende Textillustration. Doch 1939 sieht sich Brecht gezwungen, entstandene Missverständnisse zu korrigieren. In einem Brief aus dem schwedischen Exil heißt es: »Besonders der *Opernaufsatz* zu ›Mahagonny‹ bedarf einiger Zusätze, damit die Diskussion fruchtbar werden kann. Man hat aus ihm herausgelesen, daß ich ›gegen das Gefühlsmäßige für das Verstandesmäßige‹ Stellung nehme. Das ist natürlich nicht der Fall. Ich wüßte nicht, wie man Gedanken von Gefühlen trennen könnte.« (GBA 29, S. 149)

Auch Weill ist sich von Anfang an einig mit Brecht, dass die Oper einer zeitgemäßen Form bedarf: »Wenn also der Rahmen der Oper eine derartige Annäherung an das Zeittheater nicht verträgt, muß eben dieser Rahmen gesprengt werden.« (Hinton/Schebera, S. 73) Somit verfügt die Oper *Aufstieg und Fall der Stadt Mahagonny* über jene Elemente, die Brecht und Weill zur Diskussion stellten: Das Libretto wird in enger Zusammenarbeit mit dem Komponisten erstellt und den Erfordernissen der Musik genauestens angepasst. Die Handlung entwickelt sich nicht prozessual, sondern sprunghaft; sie wird zergliedert in einzelne Bilder, die wie im filmischen Wechsel zwischen der Totalen und der Halbtotalen einzelne Handlungsstränge wie Spotlights hervorheben oder zusammenschauend überblicken. Immer wieder werden die Ereignisse auf der Bühne parallel geführt (Split-Screen-Technik), oder durch projizierte Texte kommentiert, die an Zwischentitel der Stummfilme erinnern. Weill spielt in seiner Musik auf musikalische Tradition zitierend an; er komponiert Belcanto-Gesang und Bühnenchöre, die wie aus Verdi-Opern entnommen scheinen, fügt in das durchkomponierte und nur durch wenige Sprecheinlagen unterbrochene Werk auch rein instrumentale Abschnitte ein. Seine Musik bedient sich überkommener Formen wie Rondo, Choral, Quodlibet oder Ritornell und greift auf große Operngeschichte des 18. und 19. Jahrhunderts zurück: auf Georg Friedrich Händels *Serse*, Carl Maria von Webers *Freischütz*, Wolfgang Amadeus Mozarts *Zauberflöte* oder Wagners *Parsifal*. Darüber hinaus montiert Weill Verweise auf gesellschaftlich konnotierte Musik unterschiedlichster Herkunft mit ein: Song, Marsch, Walzer, Salonmusik, populäres Liedgut, zeitgenössische Tanzmusik oder sinfonische Musik (so der Bezug auf den Trauermarsch aus Gustav Mahlers *5. Symphonie* im Opernfinale). Aber auch das Songspiel *Mahagonny* ist ein wesentlicher Materiallieferant, denn alle Gesangsnummern werden für die Oper in unterschiedlichem Ausmaß bearbeitet und eingefügt. Doch sogar scheinbar eingängige Melodien erweisen sich als doppelbödig, da verschobene Basslinien und ›falsche‹ Harmonietöne die Musik in eine ›Schräglage‹ bringen. Weills Partitur erfordert für die Aufführung Gesangsstimmen mit ausgeprägter dramatischer Kraft; ein Orchester, das durch rhythmisch-scharfe Ostinati große Energieschübe aufbauen kann sowie Chöre, die den hohen Anforderungen musikalisch-szenischer Päsenz gewachsen sind. All das dient dazu,

Kritische Haltung des Zuschauers

dem Zuschauer eine wache, kritische Haltung zum musikalisch-theatralischen Bühnengeschehen zu ermöglichen, anstatt seine Sinne zu narkotisieren. Weill und Brecht wollen die Oper entschleiern, d. h., das Gezeigte kenntlich und durchschaubar machen, ohne dabei auf Gefühlsregungen beim Publikum verzichten zu wollen. Doch eine nur gefällig ins Ohr gehende Musik, eine lediglich Zerstreuung bietende Oper ist nach Ansicht beider nicht mehr zeitgemäß. Diese Überzeugung teilen sie auch mit anderen Vertretern des modernen zeitgenössischen Musiktheaters.

Entstehungs- und Textgeschichte

Die erste Begegnung zwischen Bertolt Brecht und Kurt Weill kam vermutlich im März 1927 in Berlin zustande, genauer wird dies wohl nicht zu klären sein. Am 2. Mai jedenfalls taucht in Weills Brief an seinen Verleger erstmals Brechts Name in Verbindung mit einem neuen Projekt auf: »in Eile die Mitteilung [...]. Ich habe plötzlich einen sehr schönen Einfall gehabt, an dessen Ausführung ich jetzt arbeite. Titel: *Mahagonny* ein Songspiel nach Texten von Brecht. Ich denke, das kleine Stück bis Mitte Mai zu vollenden.« (Grosch, S. 60) Gemeint ist das Songspiel *Mahagonny*, das für das Festival Deutsche Kammermusik Baden-Baden als Auftragswerk entstand und dessen Uraufführung am 17. Juli 1927 kontrovers aufgenommen wurde. Weill verwendete die fünf »Mahagonnygesänge« aus Brechts gerade im Druck erschienener *Hauspostille*, stellte die Reihenfolge der Gesänge um, vertonte sie, komponierte instrumentale Zwischenspiele sowie ein Vor- und Nachspiel hinzu. Schließlich entstand noch ein kleiner Zusatztext für das Finale des Songspiels, wobei die Autorschaft Brechts oder Weills daran nicht sicher geklärt ist: »Aber dieses ganze Mahagonny / Ist nur, weil alles so schlecht ist / Weil keine Ruhe herrscht / Und keine Eintracht / Und weil es nichts gibt / Woran man sich halten kann. // Mahagonny – das gibt es nicht. / Mahagonny – das ist kein Ort. / Mahagonny – das ist nur ein erfundenes Wort.« (GBA 2, S. 331) Bis heute wird in der internationalen Sekundärliteratur vielfach betont, dass Brecht und Weill erst aus dem Songspiel *Mahagonny* die Oper *Aufstieg und Fall der Stadt Mahagonny* entwickelt hätten. So führt Jürgen Schebera, Bandbearbeiter für GBA 2, in seinem Kommentar zur Oper *Mahagonny* 1988 aus, dass zuerst »Kurt Weill im April 1927 mit dem Plan eines Songspiels zu Brecht« kam. »Bereits bei dessen Erarbeitung wird die Oper besprochen.« (GBA 2, S. 457) Auch die amerikanische Musikwissenschaftlerin Joy H. Calico argumentiert in ihrem 20 Jahre später erschienenen Buch *Brecht at the Opera*, dass Brechts und Weills Oper *Mahagonny* »grew out of their 1927 Songspiel *Mahagonny*« (Calico, S. 35; vgl. hierzu auch Sehm, S. 84; Wagner

1977a, S. 182). Das ist aufführungsgeschichtlich zwar die richtige, entstehungsgeschichtlich jedoch die falsche Reihenfolge. Tatsächlich begannen Brecht und Weill ihre Zusammenarbeit mit dem Plan für die Oper *Mahagonny*, zu der schon einige Jahre altes Material Brechts vorlag; vom Songspiel *Mahagonny* war bei ihrer ersten Begegnung noch nicht die Rede; dieses Projekt wurde erst später, Ende April oder Anfang Mai gefasst und schob sich als neue Werkidee in die bereits begonnenen Überlegungen und Gespräche zur Oper. Weill hatte zudem jenen entstehungsgeschichtlichen Ausgangspunkt von Opernidee und nachfolgendem Songspiel in seinen »Anmerkungen zu meiner Oper *Mahagonny*« 1930 deutlich gemacht, ohne dass dieser bis heute genügend beachtet wurde:

> »Schon bei meiner *ersten Begegnung mit Brecht* [Hervorhebung J.L.] im Frühjahr 1927 tauchte in einem Gespräch über Möglichkeiten der Oper das Wort ›Mahagonny‹ auf und mit ihm die Vorstellung einer ›Paradiesstadt‹. Um diese Idee, die mich sofort gefangennahm, weiterzutreiben, und um den musikalischen Stil, der mir dafür vorschwebte, einmal auszuprobieren, komponierte ich zunächst die fünf Mahagonny-Gesänge aus Brechts *Hauspostille* und faßte sie zu einer kleinen dramatischen Form zusammen, einem ›Songspiel‹, das im Sommer 1927 in Baden-Baden aufgeführt wurde. Dieses Baden-Badener *Mahagonny* ist also nichts anderes als eine Stil-Studie zu dem Opernwerk, das, *bereits begonnen* [Hervorhebung J.L.], nun, nachdem der Stil erprobt war, fortgesetzt wurde.« (Hinton/Schebera, S. 102)

Gründe für die Schaffung des Songspiels

Die Schaffung des Songspiels hatte laut Weill zwei Gründe: zum einen, um sich des bereits diskutierten Mahagonny-Stoffs sogleich praktisch anzunehmen und ihn mit kammermusikalischer Besetzung, einem angemessenen musikalischen Stil und in sparsamer szenischer Umsetzung auszuprobieren; Weill sprach in diesem Zusammenhang von einer dem Opernprojekt vorgelagerten »Stil-Studie« (ebd.). Der andere Grund war, dass sich mit der plötzlichen Songspiel-Idee die Aufführungsmöglichkeit für ein neues Werk abzuzeichnen begann, welches Weill für das unmittelbar bevorstehende Musikfest Deutsche Kammermusik Baden-Baden 1927 einreichen konnte. Die Veranstalter des Festivals, insbesondere der Dirigent Heinrich Burkard, hatten den jungen Komponisten schon wiederholt eindringlich zu überzeugen versucht, sich mit einem Operneinakter zu beteiligen. Weill suchte, zögerte und konnte sich zwischen verschiedenen Stoffen lange Zeit nicht entscheiden (vgl. Grosch, S. 53). Erst in weiteren Gesprächen mit Brecht sowie anhand der im April 1927 veröffentlichten *Hauspostille* mit den »Mahagonnygesängen« entwickelten beide ihren Beitrag für Baden-Baden, der als *Mahagonny*-Songspiel am 17. Juli 1927 uraufgeführt wurde.

Deutlich wird damit die gemeinsame Marketing-Strategie: Das Songspiel sollte als publikumswirksamer »Vorbote« – oder vielleicht moderner: als eine Art »Werbetrailer« – die in Arbeit befindliche Oper ankündigen. Folglich vertrat Weill im August 1927 gegenüber seinem Verlag die Ansicht, dass die mögliche Einfügung des neuen Songspiels in eine große Berliner Ausstattungsrevue »die Oper glänzend vorbereiten würde« (Grosch, S. 73).

Marketing-strategie

Brecht und Weill führten mit den »Mahagonnygesängen« der *Hauspostille*, dem Songspiel, der Oper, mit verschiedenen Notenausgaben und Schallplattenproduktionen (einschließlich der neuartigen Bildschallplatte, vgl. S. 161) eine damals hochmoderne Strategie der Medialisierung und Vermarktung literarisch-musikalischer und theatraler Einfälle ein, die sie später beim Dreigroschenkomplex zu noch eindrucksvollerer Virtuosität steigerten (vgl. Brecht 2004, S. 121 f.).

Nach der Baden-Badener Uraufführung des Songspiels (das bis 1933 nur noch am Hamburger Schiller-Theater im Oktober 1932 gegeben wurde) begannen Brecht und Weill noch im Herbst 1927 das Opernlibretto zu schreiben, dessen Vertonung Weill erst nach mehreren größeren Unterbrechungen Ende April 1929 abschließen konnte. Noch 1932 war die »richtige« entstehungsgeschichtliche Werkfolge bekannt, denn der Kritiker »B.« merkte im April 1932 anlässlich der Wiener Erstaufführung an, dass die Oper »*vor* der ›Dreigroschenoper‹ entstanden sein« soll (Wyss, S. 121). Erst nach dem Zweiten Weltkrieg setzte sich eine falsche, entstehungs- und aufführungsgeschichtliche Fakten vermengende Chronologie durch, die auch den 2. Band der GBA bestimmt. Dort ist gegen die in den Editionsprinzipien

Herbst 1927: Beginn der Arbeit am Opernlibretto

festgelegte Abfolge der gattungsbezogenen Texte »in der Chronologie ihrer Entstehung« (GBA 1, S. [612]) verstoßen worden, denn demnach hätte die *Dreigroschenoper* (1928) *nach* der Oper *Mahagonny* angeordnet werden müssen. Aber auch der editorische Leitsatz, sich für den jeweiligen Erstdruck (falls vorhanden) zu entscheiden, wurde vom Bandbearbeiter ignoriert. So ist der in GBA 2 wiedergegebene *Versuche*-Druck der Oper vom Dezember 1930 keineswegs der Erstdruck; dies ist vielmehr der über ein Jahr zuvor von der Universal-Edition am 11. November 1929 veröffentlichte. Noch widersprüchlicher wird es, wenn im GBA-Kommentar der Druck der Universal-Edition korrekt als »Erstdruck« bezeichnet (GBA 2, S. 456), aber dennoch nicht publiziert wird. Ronald Speirs hatte bereits 1989 die falsche Textauswahl in GBA 2 kritisiert: »How much more convenient it would have been if the new edition had printed the 1929 version in its entirety.« (Speirs, S. 657) Darüber hinaus hätte das Songspiel *Mahagonny* nicht in GBA 2 aufgenommen werden dürfen, da es gänzlich ein Werk Weills ist, denn der Komponist hatte unabhängig von Brecht die bereits vorhandenen Texte zum Songspiel zusammengestellt und vertont.

Von Oktober bis Dezember 1927 entstand Brechts und Weills Libretto, das Brecht entgegen seiner Arbeitspraxis, Texte ständig zu überarbeiten, kaum noch veränderte. Weill war am Libretto intensiv beteiligt, denn er betonte in seinem Brief vom 27. Dezember 1927 an den Verlag, dass er »3 Monate lang Tag für Tag mit Brecht zusammen an der Gestaltung dieses Librettos gearbeitet habe«, um eine »möglichst konsequente, geradlinige u. leicht verständliche Handlung zu erreichen« (Grosch, S. 98).

Am 16. August 1927 erwähnte Weill gegenüber seinem Verleger das Vorhaben einer »späteren grossen *Mahagonny*-Oper(ette)« (ebd., S. 73), was im Brief nicht näher erläutert wird und darauf hinweist, dass der Verlag über dieses Projekt informiert war. Brecht und Weill hatten bereits in Baden-Baden mit dem Wiener Verleger über ihr Opernprojekt gesprochen, als es im Juli 1927 anlässlich der Uraufführung des Songspiels zu persönlichen Begegnungen zwischen allen Beteiligten kam. Doch die spontane Zustimmung des Verlags blieb nicht lange ungetrübt. Noch in Baden-Baden hatte Brecht die Beseitigung einer Vertragsklausel

Kommentar

gefordert (ebd., S. 77), welche die Beziehung zur Universal-Edition belastete (ebd., S. 71 f.) und in Folge dazu führte, dass Weill mehr und mehr in die Rolle des diplomatischen Vermittlers zwischen Brecht und dem Verlag gedrängt wurde. Zwar versicherte der Komponist seinem Verleger, dass er »Brecht gegenüber den Standpunkt des Verlags immer wieder vertrete[n] u. erkläre[n]« würde (ebd., S. 77). Aber er gab taktisch geschickt auch zu bedenken, dass er »natürlich nicht verhindern« könne, »dass Brecht sich auch bei anderen Verlegern nach ihren Bedingungen« erkundigt (ebd.).

Belastete Beziehung zur Universal-Edition

Trotz aller Zustimmung brachte der Verlag Vorbehalte gegen den Operntext vor, die durchmischt waren mit Misstrauen gegenüber Brechts Vertragswünschen: etwa, indem Direktor Emil Hertzka den Komponisten aufforderte, Brecht zum Verzicht auf Tantiemenforderungen zu bewegen und die Lektüre von *Mann ist Mann* (1926) zum Anlass nahm, Brechts Fähigkeit zum Verfassen von Opernlibretti anzuzweifeln (vgl. ebd., S. 72). Doch trotz aller Schwierigkeiten waren Brecht und Weill gewillt, mit ihrer Oper »etwas grundlegend Neues«, eine »völlig neue Art von Bühnenkunstwerk« entstehen zu lassen, »dessen Wirkung in ganz ungewohnter Weise in die Breite gehen wird« (ebd., S. 78 f.). Weill führte gegenüber dem Verlag aus: »In langen Unterredungen mit Brecht habe ich die Überzeugung gewonnen, dass seine Ansichten von einem Operntext mit den meinen weitgehend übereinstimmen. Das Stück, das wir schaffen werden, wird nicht Aktualitäten ausnützen, die nach einem Jahr veraltet sind, sondern es will unsere Zeit in einer endgültigen Form gestalten. Daher wird seine Auswirkung sich weit über seine Entstehungszeit hinaus erstrecken.« (Ebd., S. 79)

E. Hertzka

Das erste Ergebnis dieses Arbeitsprozesses lag Ende 1927 vor. Am 8. Dezember übersandte Weill seinem Verleger eine »Inhaltsangabe von *Mahagonny*« (ebd., S. 95). Der Verleger verbarg in seinem Antwortschreiben acht Tage später nicht die Enttäuschung, hatte er doch auf eine »symbolhafte fassbare Opernhandlung« gehofft (ebd., S. 96). Stattdessen seien die Szenen – wenn auch spannend und originell – lediglich aneinandergereiht worden zu einer »Opern-Revue«, die den Ansprüchen dieser Gattung nicht gerecht würde. Hertzka vermisste das lyrische

Kritik des Verlegers

Element – »also Freundschaft, Liebe, Treue« –, das für ihn zu den konstituierenden Säulen einer Oper dazugehöre. Es sei zu viel Gewicht auf »Wildwest-Realistik«, auf »Boxkampf, Mord, Totschlag, Trunkenheit und dergl.« (ebd.) gelegt worden, was ein Opernpublikum mit traditionellen Erwartungen düpieren müsse. Dem »ausserordentlich geschätzten« Dichter Brecht müsse klargemacht werden, »dass zwischen der Herausbringung eines modernen Opernwerkes und zwischen der eines modernen Prosa-Bühnenwerkes ein kolossaler Unterschied besteht« (ebd., S. 97).

Damit gestand der Verleger indirekt ein, dass er das Neue im Operntext nicht erkannte – oder erkennen wollte: nämlich die Montage von Szenen, die wie Momentaufnahmen singuläre Zustände des Aufstiegs und Falls dieser Stadt und ihrer Bewohner ablichten, die Hinwendung zur unterbrechenden, epischen Erzählweise oder die Darstellung gesellschaftlicher Gewaltzusammenhänge wie der Macht des Geldes, der Justiz, der Prostitution, der Zerstreuungs- und Konsumindustrie. Weill hielt in seinem Antwortbrief vom 27. Dezember 1927 dagegen und betonte, dass er »mit vieler Mühe Brecht soweit gebracht [habe], [...] einen Text rein für die Bedürfnisse der Musik zu schreiben [...]. Es ist seit langen Jahren zum erstenmal ein Libretto, das vollkommen auf die Musik, ja sogar auf meine Musik angewiesen ist.« (Ebd., S. 98) Mit diesem deutlichen Hinweis auf die enge Verflechtung seiner Musik mit Brechts Libretto wollte Weill Hertzkas Einwand entkräften, dass Brecht als Dramatiker des Sprechtheaters keine Opernlibretti verfassen könne. Auch im Ersetzen der gesangstechnisch anspruchsvollen »früheren Bravourarie« durch eine »neue Art von Schlager« (ebd.) sah der Komponist einen entscheidenden Vorzug der neuen Opernform. Hertzkas Kritik am Rohen, Grausamen des Stoffs dagegen wollte Weill dadurch entschärfen, dass er »die Liebeshandlung Jimmy-Jenny stärker in den Vordergrund« rückt (ebd.).

Neben dem Austausch über das Opernlibretto lässt die Korrespondenz auch Rückschlüsse auf Weills Kompositionsprozess zu. Am 8. Dezember 1927 hatte er den Verlag informiert, dass er »im I. Akt bereits bis zur 4. Szene vorgedrungen« sei (ebd., S. 95). Weill schien in den folgenden Wochen und Monaten gut voranzukommen, denn am 20. März 1928 berichtete er dem Verlag: »*Mahagonny* macht dauernd grosse Fortschritte. Ich hoffe bestimmt, im Mai die Komposition zu vollenden und dann im Laufe des Sommers die Partitur fertigzustellen. Die wichtigsten ›Schlager‹ kann ich Ihnen schon jetzt bei unserem nächsten Zusammentreffen vorspielen.« (Ebd., S. 118) Zu einem zügigen Abschluss, wie Weill hoffte, gelangte die Oper jedoch nicht, denn schon einige Wochen später wurde er für ein neues Auftragswerk verpflichtet, das die Arbeit an der *Mahagonny*-Partitur für längere Zeit unterbrechen sollte: Ende April 1928 schlossen Brecht und Weill mit dem Berliner Theaterverlag Felix Bloch Erben einen Vertrag über ihre Bearbeitung der *Beggar's Opera*, der späteren *Dreigroschenoper*. Trotzdem hoffte der Komponist noch auf eine baldige Fortführung der Opernarbeit, denn am 14. Juni 1928 teilte er dem Verlag mit: »Unterdessen arbeite ich mit Hochdruck an der Komposition der *Beggar's Opera* [...]. Ich hoffe bis Ende Juni damit fertig zu sein, um dann in einem Zuge *Mahagonny* fertigzustellen.« (Ebd., S. 128) Doch am 2. Oktober 1928 räumte Weill ein, »mit der *Mahagonny*-Partitur durch die *Dreigroschenoper* sehr in Rückstand gekommen« zu sein (ebd., S. 143). In der Folge schickte er immer wieder beschwichtigende Nachrichten an den Verlag; so vermeldete er am 17. Oktober, dass er »mit Hochdruck und ausschliesslich an der *Mahagonny*-Partitur [arbeite]« (ebd., S. 147), oder er wünschte Silvester 1928, dass das kommende Jahr »in *Mahagonny* eine neue wichtige Etappe unserer Zusammenarbeit bringen wird« (ebd., S. 153). Endlich, am 5. Februar 1929 glaubt er »in ca. 10 Tagen die Partitur des 1. Aktes von *Mahagonny* (das ist beinahe die Hälfte des Werkes) abzuschliessen. Bis zum Frühjahr wird dann das ganze Stück vorliegen.« (Ebd., S. 157) Ende April konnte Weill die Partitur fertigstellen; auf die letzte Seite notierte er: »Ende der Oper/April 1927 – April 1929.« (Drew 1987, S. 181)

Inzwischen war auch ein Berliner Opernhaus für die Uraufführung im Gespräch; die Staatsoper am Platz der Republik (vormals Kroll-Oper) und ihr Leiter, der Dirigent Otto Klemperer (1885–1973), interessierten sich für das Werk, hatte dieser doch schon bei der Premiere des Songspiels als Zuhörer mit Begeisterung reagiert. Ab dem 10. Mai 1929 wurden im Briefwechsel zwischen Weill und seinem Verlag auch die mit Berlin beginnenden Vertragsverhandlungen diskutiert. Weill bestand auf einer angemessenen Werbung für die Oper, gab jedoch zu bedenken, dass das Volksbühnensystem (dem die Staatsoper angegliedert war) mit ihrem von der Öffentlichkeit sich abschließenden Abonnementssystem wenig geeignet sei, »das Publikum der *Dreigroschenoper* (das zum grossen Teil noch niemals in einem Opernhaus war) für *Mahagonny*« zu interessieren (ebd., S. 165). Weill, dem wie Brecht die Gewinnung neuer Publikumsschichten sehr wichtig war, befürchtete zudem, dass das eher konservative Abonnementspublikum keine ideale Zielgruppe sei.

Am 24. Mai 1929 übermittelte der Verlag Textabschriften des 1. und 2. Akts an Klemperer, den Intendanten Ernst Legal sowie an Weill; einen Tag später folgte für alle der Text zum 3. Akt. Weill erhielt laut Eintrag im Verlagsbuch der Universal-Edition jeweils zwei Abschriften, eine davon war allem Anschein nach für Brecht bestimmt; der Komponist musste wieder einmal vermitteln. Doch die folgenden Wochen und Monate waren geprägt von Schwierigkeiten mit Klemperer und seinem Opernhaus. Zum einen äußerte der Dirigent Bedenken wegen der Liebesszene im 2. Akt, die ihm zu freizügig und für die Verbreitung des Werks zu »gefährlich« schien (vgl. ebd., S. 164). Zum anderen verwahrte sich der Komponist gegenüber Inszenierungsideen Klemperers, die »völlig unannehmbar« seien (ebd., S. 165); er wollte vielmehr Brecht als Regisseur durchsetzen und zugleich in musikalischen Besetzungsfragen ein Vetorecht haben. In dieser Situation zögerte Klemperer die Annahme der Oper hinaus, was unweigerlich zu starker Nervosität und Anspannung bei den Autoren führte. Obwohl Weill mehrfach seine Bereitschaft versicherte, die Verhandlungen mit Klemperer nicht scheitern zu lassen, erfolgte schließlich die mündliche Absage des Dirigenten, die Weill am 13. Juli 1929 dem Verlag übermittelte (vgl. ebd., S. 171 f.). Aus diesem Grund dachte der Komponist darüber nach, die Uraufführung nun an ein Berliner Privattheater zu vergeben, das zugleich auch Techniken der professionellen Publikumswerbung beherrscht. Er nannte seinem Verleger den Leiter des Theaters am Schiffbauerdamm Ernst Josef Aufricht als potenziellen Ansprechpartner (ebd., S. 172).

Am 24. Juli 1929 kam auf Anregung der Universal-Edition als Uraufführungsort Leipzig ins Spiel (ebd., S. 174), nachdem sich der Verleger Hans W. Heinsheimer und Gustav Brecher – der Musikdirektor der Leipziger Oper – auf einer zufällig gemeinsamen Zugfahrt über die Oper ausgetauscht und Brecher sich interessiert gezeigt hatte (s. ebd., S. 181). Auch aus anderen Gründen war in Leipzig der Boden für Brecht und Weill bereitet, denn hier hatte die *Dreigroschenoper* nach Berlin und Wien »die längste Serie« gehabt (ebd., S. 174). Ebenso hatte Brecher dort schon Weills und Georg Kaisers Operneinakter *Der Zar läßt sich photographieren* 1928 erfolgreich uraufgeführt. Doch auch andere »Provinztheater« wurden neben Leipzig für die neue Opernpremiere in Erwägung gezogen (vgl. ebd., S. 184); von jenen Bühnen blieben schließlich Kassel und Braunschweig übrig, welche die Oper am 12. März, drei Tage nach der Leipziger Premiere spielten. In Leipzig hatte man sich mit dem Wunsch nach einem exklusiven Uraufführungstermin durchgesetzt (ebd., S. 189). War dieser ursprünglich schon für November 1929 angesetzt worden, so musste er wegen eines Auslandsgastspiels des Leipziger Orchesters auf den 9. März 1930 verlegt werden (vgl. ebd., S. 182). Doch zuvor war noch ein weiteres Problem zu lösen, denn es gab Einwände der Leipziger Intendanz gegenüber Brechts Libretto, v. a. zur Liebesszene im 2. Akt, die bereits Klemperer bedenklich fand. Am 1. Oktober 1929 berichtete Weill, dass inzwischen »glücklich alle anrüchigen Stellen in dem *Mahagonny* Text beseitigt sind« (ebd., S. 189). Dazu legte er seinem Brief eine neue Klavierfassung der Szene 14 mit dem Titel »Duett von den Kranichen« bei und bat den Verlag um Einfügung in den Klavierauszug sowie um Beibehaltung der ursprünglichen Szene als Alternative (vgl. ebd., S. 188 f.).

H. W. Heinsheimer u. G. Brecher

Am 9. März 1930 wurde die Oper *Aufstieg und Fall der Stadt Mahagonny* im Neuen Theater Leipzig uraufgeführt. Walther Brügmann führte Regie, für Bühnenbild und Projektionen zeichnete Brechts Jugendfreund Caspar Neher (1897–1962) verantwortlich und die musikalische Gesamtleitung hatte Gustav Brecher inne. Dieser Tag ging in die Operngeschichte des 20. Jahrhunderts ein.

UA in Leipzig am 9.3.1930

Zur vorliegenden Textfassung

Erstmals wieder veröffentlichter Libretto-Erstdruck

Der hier erstmals wieder veröffentlichte Libretto-Erstdruck von Brechts *Aufstieg und Fall der Stadt Mahagonny* ist bis heute nahezu unbekannt geblieben und eines der wenigen Desiderate innerhalb der Editionsgeschichte des *Mahagonny*-Texts.

Es handelt sich um das durch die Universal-Edition Wien im November 1929 publizierte Libretto, das vier Monate vor der Leipziger Uraufführung parallel mit dem Klavierauszug und der Partitur erschien und zunächst nur als Information für interessierte Opernhäuser diente. Neben diesem Libretto-Erstdruck, der in drei zum Teil voneinander abweichenden Auflagen erschien, ist außerdem der ein Jahr später im Dezember 1930 nachfolgende Textabdruck im Heft 2 der *Versuche* 4–7 (Gustav Kiepenheuer Verlag Berlin) zu nennen, der praktische Erfahrungen erster Opernaufführungen aufnahm und das Ergebnis einer »Rückliterarisierung« (Nyström, S. 634) des Librettos darstellt. In dieser Lesefassung hob Brecht die dreiaktige Struktur des Librettos auf und beließ lediglich die durchnummerierte Szeneneinteilung. Regieanweisungen wurden ebenfalls getilgt (z. B. sämtliche Hinweise auf die sich öffnende und schließende Gardine), oder sie wurden, wie bei den Lautsprechermeldungen über den drohenden Hurrikan, dramatisch verschärft: Genannt werden in der *Versuche*-Fassung sogar »11 000 Tote« in Pensacola (Brecht: *Versuche* 1977, S. 72). Auch die Inschriften der Losungstafeln für die sieben Demonstrationszüge im Finale weichen von allen anderen Fassungen ab. Doch erfolgte die Rückliterarisierung nicht gründlich, denn es lassen sich eine Reihe von Flüchtigkeitsfehlern nachweisen, so bei der Umformung der amerikanischen in deutsche Namen, wo der des Alaskawolfjoe irrtümlich beibehalten wurde (ebd., S. 77).

Brecht sah seine *Versuche*-Fassung als die verbindliche an, obwohl sie erst nach der Uraufführung der Oper erschien, vom Erstdruck erheblich abwich und ohne Weills Mitwirkung angefertigt wurde. Alle nachfolgenden Texteditionen nehmen – bis in die GBA hinein – ausschließlich die *Versuche*-Fassung als Vorlage zum Nachdruck oder zur Übersetzung in andere Sprachen.

Im *Versuche*-Heft erschien Brechts Text gemeinsam mit den »Anmerkungen zur Oper ›Aufstieg und Fall der Stadt Mahagonny‹«, dem *Lesebuch für Städtebewohner* sowie dem *Badener Lehrstück vom Einverständnis*.

Die Arbeit an einem gesonderten Textbuch (dem späteren Erstdruck) nahm im Frühjahr 1929 konkrete Gestalt an; so fragte Weill am 25. Mai beim Verlag an: »Wie steht es übrigens mit dem Textbuch, das Sie nach der Partitur herstellen wollten?« (Grosch, S. 166) Am 10. August 1929 versprach Heinsheimer, dass »bis Ende des Monats einige Probeabzüge des Klavierauszuges und des Textbuches für die wichtigsten Bühnen zu haben« wären (ebd., S. 178). Man arbeite derzeit »mit Hochdruck« am 2. und 3. Akt und benötige von den Autoren schnellstens die Textkorrekturen zum 2. Akt für das geplante Textbuch (ebd.).

Allerdings bemängelte Weill in seiner zwei Tage später erfolgten Antwort, dass man für die »Drucklegung des Textbuches [...] übrigens eine ganz andere Zeilen-Einteilung machen [muss] als die in Ihrem Schreibmaschinen-Manuskript. Das meiste muss ja in Versen gedruckt werden. Dafür müsste ich mit Brecht das Textbuch nochmals überarbeiten.« (Ebd., S. 180) Vermutlich handelte es sich bei dem »Schreibmaschinen-Manuskript« um eine verlagsinterne Textabschrift aus der Partitur, die Weill wegen ihrer Prosaform für ungeeignet hielt; doch aus ihr entwickelte sich über verschiedene Bearbeitungsstufen der Erstdruck des Librettos.

Doch wurden im Verlag jetzt alte, nicht ausgeräumte Bedenken laut, denn die von verschiedenen Seiten – inzwischen auch von der Leipziger Intendanz – kritisch bewertete »Bordell-Szene« im 2. Akt war von Brecht und Weill bislang nicht »abgemildert« worden. Nun stoppte am 9. September der Verlag die Herstellung von Textbuch und Klavierauszug, bis besagte Szene 14 (Lieben) umgeschrieben sei (vgl. ebd., S. 184 f.).

Kurz danach, am 20. September 1929, informierte Weill den Verlag: »Das korrigierte Textbuch habe ich schon vor einigen Tagen abgeschickt.« (Ebd., S. 186) Im selben Brief konnte Weill ankündigen, dass der Austausch der beanstandeten Szene 14 gegen eine »›wohlanständige‹« kurz bevorstünde (ebd.). Weill betonte aber, dass die avisierte neue Szene »lediglich eine Eventu-

Gesondertes Textbuch (späterer Erstdruck)

Kritik an »Bordell-Szene«

alfassung« sei, doch solle »in einem späteren Klavierauszug für das Publikum und die Presse die bisherige Fassung der Liebesszene enthalten sein, da es eines meiner besten Stücke ist, das nur durch die Verständnislosigkeit und Mutlosigkeit der Theater vorläufig noch nicht gespielt werden kann.« (Ebd.) Brecht verwendete für die Neugestaltung der Szene das zunächst unabhängig von der Oper entstandene Gedicht »Die Liebenden« (1928), das er für die Szene sowie zur musikalischen Verwendung als Duett für Jim und Jenny bearbeitete und durch drei neue Schlussverse erweiterte (vgl. Hennenberg/Knopf, S. 298–300; GBA 14, S. 15 f.; Kommentar, S. 472–474). Aus dem Vergleich zwischen der sogenannten, von fremder Hand stammenden Typoskript-»Urfassung« vom Dezember 1927 (GBA Registerband, dort Szene 13, S. 710 f.) und dem hier veröffentlichten Erstdruck (Szene

Änderungen auf äußeren Druck

14; s. S. 36–38) wird ersichtlich, dass Brecht und Weill ihre Änderungen auf äußeren Druck hin vorgenommen haben. Wird noch in der Urfassung auf das »Mandelay-Puff« verwiesen (GBA Registerband, S. 710), so ist diese Regieanweisung im Erstdruck gestrichen. Stattdessen soll ein »einfaches Zimmer« gezeigt werden (36,13–14), was aber demselben Zweck dient. Auch der Part des Dreieinigkeitsmoses, der die vor dem Bordell ungeduldig wartenden Männer beruhigt, entfällt im Erstdruck ebenso wie die liebestechnischen Belehrungen Witwe Begbicks, die von den Männern schulmäßig im Chor wiederholt werden (vgl. S. 36 f.). Der Erstdruck reduziert diese Szene auf wenige Dialogpassagen zwischen der Begbick und den Männern sowie auf den »Mandelay Song«, dann folgt die Regieanweisung: »Ein innerer Vorhang schließt sich über diesem Bild.« (37,21) Nun beginnt der zweite Teil der Szene 14 mit dem Auftritt von Jim und Jenny sowie ihrem »Duett von Kranich und Wolke«. Nach ihrem Duett schließt sich die Gardine, vor welcher der Männerchor noch sein »Erstens, vergeßt nicht, kommt das Fressen« singt. Damit weist die Szene 14 des Erstdrucks eine dreiteilige Struktur auf, bei der das Liebesduett, das Karl Kraus als eines der besten Gedichte der deutschen Lyrik wertete (vgl. dazu Hennenberg/Knopf, S. 302), umrahmt ist von dem rohen Prozedere käuflicher Genüsse. Nach der Leipziger Uraufführung wurde das Duett schnell berühmt und von Brecht – in Terzinen umgeformt – unter dem Titel »Terzinen der Liebe« veröffentlicht. Hier gelangte es parallel zu den Operninszenierungen auch durch Lesungen von Karl Kraus (u. a. mit Weill als begleitendem Pianisten) in die Öffentlichkeit; nach dem Zweiten Weltkrieg setzte sich Gottfried Benn für das Gedicht ein und ließ es publizieren (vgl. GBA 14, S. 474; vgl. Knopf 1998).

Zwischen der Urfassung und dem Erstdruck ist eine Reihe von Unterschieden festzustellen. Sie betreffen zum einen die in der Urfassung notierten Verweise auf musikalische Verwendungszwecke, welche später aus dem Erstdruck wieder entfernt wurden. Vermerkt sind eine »ARIE« (GBA Registerband, S. 686), eine »ARIETTE« (ebd., S. 692), ein »SONG« (ebd., S. 693; 699; 707), ein »DUETT« (ebd., S. 695) oder ein »TERZETT« (ebd., S. 696). Weiterhin ist die Urfassung dem amerikanischen Vorbild stärker verpflichtet als der Erstdruck. So wird die anonyme »Millionenstadt« in Szene 3, wo Fatty und Moses neue Kunden für Mahagonny werben, in der Urfassung als »Stadt New York« konkret benannt (ebd., S. 688); auch der Hurrikan bedroht zunächst die Stadt »Miami« (ebd., S. 708), die dann im Erstdruck durch das fiktive »Atsena« ersetzt wird (s. 34,10). Amerikanisiert sind in der Urfassung auch die Umgangsformen, so begrüßt Witwe Begbick die ankommenden vier Holzfäller in Szene 5 mit der Regieanweisung »Shake Hands« (GBA Registerband, S. 691). Andererseits findet im Erstdruck – als Anspielung auf die USA – die Hinrichtung Jims auf dem elektrischen Stuhl statt (s. S. 56–58), während sie in der Urfassung noch durch den Galgen erfolgt (vgl. GBA Registerband, S. 727). Auch ist die Urfassung noch nicht – wie später der Erstdruck – von jenen »unsittlichen Stellen« bereinigt, welche von Verlag und Opernhäusern beanstandet wurden. In Szene 5 zeigt Moses den gerade angekommenen Holzfällern »Aktbilder« der Mädchen aus Mahagonny (ebd., S. 691), während es im Erstdruck verharmlosend nur »Mädchenbilder« sind (17,3). Die Szene 13 (Lieben) der Urfassung erwähnt in der Regieanweisung »das Mandelay-Puff«, vor dem »in einer Schlange Männer anstehen«. Dazu sollen »auf einer Leinwand-Tafel erotische Bilder gezeigt« werden (GBA Registerband, S. 710). Auch Begbicks Ermahnungen an die Männer für den Liebesakt sind in den Erstdruck nicht mit

Unterschiede zw. Urfassung u. Erstdruck

aufgenommen worden: »Streiche mit den Spitzen deiner Finger / Über die Spitzen ihrer Brüste / Und warte ab das Erschauern ihres Fleisches.« (Ebd.) Zu nennen ist auch das Fehlen des »Kraniche-Duetts« und des »Benares-Songs« in der Urfassung sowie das dort wesentlich kürzere Finale (Szene 19) mit den Demonstrationszügen. Auch die Anzahl der mitgeführten Tafeln und Losungen differiert; in der Urfassung werden zehn, im Erstdruck sechs Tafeln verwendet. Die Inschrift der 10. Tafel in der Urfassung (eine »*Riesentafel*«) lautet: »GEGEN DEN MENSCHEN« (ebd., S. 731).

Am 1. Oktober 1929 übermittelte Weill die Neufassung der Szene 14 »druckfertig« an den Verlag, um in Klavierauszug und Textbuch eingefügt zu werden (s. Grosch, S. 188 f.). Der Verlag notierte am 21. Oktober im Zusammenhang mit der Herstellung des Textbuchs den »Umbruch des II. Aktes«, darin auch die »neue Fassung v. No. 14« (internes Verlagsbuch der UE, Nr. 9852).

Schließlich erteilte der Verlag am 2. November 1929 der Druckerei »Otto Maass' Söhne Ges. m. b.H., Wien, I. Walfischgasse 10« den Druckauftrag. Am 11. November trafen 502 Exemplare des Textbuchs im Verlag ein. Sie sind mit »1. Auflage« sowie der für alle drei Auflagen identischen Verlagsnummer »U.E. Nr. 9852« gekennzeichnet. Unterschiedlich ist die für jede neue Auflage gesondert vergebene Druckereinummer; hier ist es: »1554 29«. Der Umschlag trägt den Titel: *Kurt Weill / Aufstieg und Fall der Stadt / Mahagonny / Universal-Edition*. Das Titelblatt innen lautet abweichend: *Aufstieg und Fall der Stadt / Mahagonny / Oper in drei Akten / Text von Brecht / Musik von / Kurt Weill / 1. Auflage / U.E. Nr. 9852 / Universal-Edition A.G. / Wien Leipzig Copyright 1929 by Universal-Edition / Printed in Austria*. Dies ist der qualifizierte Erstdruck des Librettos in 1. Auflage, der bis heute in keiner Ausgabe der Werke Brechts publiziert wurde – weder 1988 in GBA 2 noch in dem 2006 erschienenen Materialienband *Brecht/Weill »Mahagonny«* von Fritz Hennenberg und Jan Knopf. Wie der Erstdruck zur *Dreigroschenoper* (s. Brecht 2004) wird auch dieser nach über 80 Jahren in der Suhrkamp BasisBibliothek wieder zugänglich gemacht.

Qualifizierter Erstdruck des Librettos in der 1. Auflage

Am 31. Dezember 1929 erklärte Weill dem Verlag, »dass die Verwendung amerikanischer Namen für *Mahagonny* eine Gefahr bedeutet, da unterdessen die Jimmys, Jackys, Bills usw. schon in vielen Stücken vorkamen und die Gefahr einer Festlegung auf völlig falsche Begriffe von Amerikanismus, Wildwest oder dergl. in sich schliessen.« (Grosch, S. 210) Weill bat darum, die dem Brief beigefügten deutschen Namen für die 2. Auflage des Textbuchs zu berücksichtigen (s. ebd., S. 211; 2. Auflage, S. 3). Doch unabhängig davon trägt der »Vielfraß« Jack O'Brien bereits in der Urfassung sowie in der 1. Auflage stellenweise den deutschen Familiennamen »Schmidt« (vgl. GBA Registerband, S. 709). Durch diesen »Fehler«, den die Forschung bisher nicht beachtet hat, wird deutlich, dass Brecht und Weill nicht erst im oben zitierten Brief vom Jahresende 1929, sondern spätestens schon Anfang Dezember 1927 bei Abschluss der Urfassung eine Abwandlung der amerikanischen Rollennamen in deutsche erwogen hatten.

Ein weiterer Auftrag über nunmehr 5 000 Exemplare ging am 14. Februar 1930 an die Druckerei, die am 26. Februar (500 Exemplare) sowie am 28. Februar (zwei Sendungen mit 3 000 und 1 500 Exemplaren) auslieferte. Diese 2. Auflage, welche in der Titelei nicht vermerkt ist, kann nur über die Druckereinummer »322 30« identifiziert werden; zudem ist das Erscheinungsjahr falsch angegeben (1929 statt 1930). Der Umschlag trägt den Titel: *Kurt Weill / Aufstieg und Fall der Stadt / Mahagonny / Text von Brecht / Universal-Edition.* Das Titelblatt innen lautet: *Aufstieg und Fall der Stadt / Mahagonny / Oper in drei Akten von Brecht / Musik von / Kurt Weill / U.E. Nr. 9852 / Universal-Edition A.G. / Wien Leipzig Copyright 1929 by Universal-Edition / Printed in Austria.*

Gegenüber der 1. Auflage ist die Titelei leicht verändert; auf dem Umschlag wurde hinzugefügt: »Text von Brecht«. Das Titelblatt innen trägt außerdem die abweichende Formulierung: »Oper in drei Akten von Brecht«. Deutlich wird, dass ab der 2. Auflage Brechts Autorschaft stärker akzentuiert ist. Weill hatte in seinem Brief vom 7. Februar 1930 an den Verlag gefordert: »In diesem Zusammenhang noch etwas sehr wichtiges: bei Ihrem *Mahagonny*-Textbuch muss unbedingt auch auf der Aussenseite unter

2. Auflage

dem Titel der Vermerk: ›Text von Brecht‹ eingefügt werden. Brecht hat das heute wieder von mir erbeten.« (Grosch, S. 221) Die Änderungen in der Titelei der 2. Auflage sollen zudem von einem unveröffentlichten Brief Brechts an die Universal-Edition vom 15. Februar 1930 herrühren (s. Nyström, S. 180).

Dem Rollenverzeichnis der 2. Auflage ist erstmals folgender Zusatzkommentar beigegeben:

> »Da die menschlichen Vergnügungen, die für Geld zu haben sind, einander immer und überall aufs Haar gleichen, da die Vergnügungsstadt Mahagonny also im weitesten Sinne international ist, können die Namen der Helden in jeweils landesübliche umgeändert werden. Es empfiehlt sich daher, etwa für deutsche Aufführungen, folgende Namen zu wählen:

statt Fatty	Willy
statt Jim Mahoney	Johann Ackermann (auch Hans)
statt Jack O'Brien	Jakob Schmidt
statt Bill	Sparbüchsenheinrich (auch Heinz)
statt Joe	Josef Lettner, genannt Alaskawolfjoe.«

Die 2. Auflage lag wenige Tage im Druck vor, als am 9. März 1930 in Leipzig die Uraufführung der Oper stattfand.

3. Auflage Schließlich wurde am 3. Juni 1930 die 3. Auflage mit 1 000 Exemplaren in Auftrag gegeben; die Druckerei lieferte am 6. Juni 1 014 Stück an den Verlag. Diese Auflage ist ebenfalls nicht gekennzeichnet und erschließt sich nur über die Druckereinummer »1075 30«. In der Titelei ist sie identisch mit der 2. Auflage und übernimmt sogar das falsche Erscheinungsjahr 1929. Alle drei Auflagen im Format 20 x 13,3 Zentimeter sind mit einem broschierten Einband aus dünnem Karton versehen, welcher in der 1. und 2. Auflage eine grüne, in der 3. eine hellgelbe Farbgebung aufweist. In der 3. Auflage sind zudem einige Texte gestrichen worden, was zu unterschiedlichen Seitenumfängen führt. So ist das »*Ende der Oper*« in der 1. und 2. Auflage auf S. 59, in der 3. auf S. 58 angezeigt.

Generell lässt sich sagen, dass die 3. Auflage gegenüber der ersten und zweiten (welche weitgehend identisch sind) textlich am stärksten abweicht und somit eine eigene Fassung bildet. Anfänglich sind es nur kleinere Änderungen; so wird »Die Hier-darfst-du-Schenke« (11,11) in der 3. Auflage in »Hotel zum reichen Manne« umbenannt (3. Auflage, S. 7). Oder sie erfolgen auch, um die als anzüglich monierten Stellen im Libretto abzumildern. So fordert Jenny in Szene 11 angesichts des drohenden Hurrikans Jim auf: »Geh' hinaus mit mir und liebe mich.« (30,34–35) Dies wird in der 3. Auflage zu: »Ich bin doch bei dir und liebe dich.« (3. Auflage, S. 27) Auch am Beginn von Szene 14, wo Witwe Begbick den Männern Verhaltensregeln für den Bordellbesuch mitgibt, sind Änderungen vorgenommen worden. Während die ersten beiden Auflagen lauten »Spucke den Kaugummi aus. / Wasche zuerst deine Hände« (36,20–21), ist dies in der 3. Auflage harmloser formuliert: »Hänge den Hut an die Wand. / Setze dich hier auf den Stuhl.« (3. Auflage, S. 32) Erst ab Szene 16 (hier: S. 42) entstehen Verschiebungen im Seitenumbruch und in der Paginierung, da ab der Zeile: »Doch sie hatten was davon« in der 3. Auflage der nachfolgende Text bis »BEGBICK (*gesprochen*) Aber jetzt bezahlen, meine Herrn!« gestrichen ist (3. Auflage, S. 38). Anstelle des Chores, der am Schluss von Szene 16 singt: »Erstens, vergeßt nicht, kommt das Fressen« (47,30), ist in der 3. Auflage ein Sprechtext eingefügt: »BEGBICK Wenn ihr Einen über Bord gehen seht, dann kümmert euch nicht. Ändert darum nicht euer Leben. Ihr bekommt hier alles für Geld, aber ohne Geld nichts. Wenn euch das nicht gefällt, könnt ihr ja weggehen. Aber wenn ihr weggeht, verrinnt nur euere Zeit, die schon kurz bemessen ist.« (3. Auflage, S. 42 f.) Hier schließt sich unmittelbar der Chor »Laßt euch nicht verführen« an (ebd., S. 43). Während dann in der 3. Auflage der 3. Akt mit Szene 17 (Jims Nacht in Gefangenschaft) eröffnet wird, ist diese in der 1. und 2. Auflage noch an das Ende des 2. Akts gestellt (vgl. S. 48). Brecht hat in der Regieanweisung zu dieser Szene die künstliche Situation in eine plausible, sich aus der Handlung ergebende zurückverwandelt. Während in der 1. und 2. Auflage Jim »*an einen Baum gefesselt, im Wald*« gezeigt wird (48,2), ist Jim in der 3. Auflage »*an eine Laterne*« gebunden (3. Auflage, S. 44; die Urfassung zeigt ihn dagegen in einem »*kleinen Käfig*« verwahrt; GBA Registerband, S. 720). Während Baum und Wald als »natürlicher« Verwahrungsort Jims die Sprunghaftigkeit und Künstlichkeit des Handlungsverlaufs betonen, assoziiert die Straßenlaterne den bereits eingeführten Siedlungsort Mahagonny.

Auch an den projizierten Schriftbändern nahm Brecht Änderungen vor. Während in der 1. und 2. Auflage die Szene 19 ankündigende Projektion Benares als alternative Sehnsuchtsstadt nennt, doch zugleich ihre Zerstörung durch ein Erdbeben mitteilt (vgl. 54,20–24), wird in der 3. Auflage Benares nicht erwähnt: »IN DIESER ZEIT HERRSCHT IN MAHAGONNY SCHON GROSSE TEUERUNG. DIE PREISE STEIGEN, DAS GELD WIRD KNAPP, UND VIELE SEHNEN SICH BEREITS NACH EINER ANDEREN, BESSEREN STADT.« (3. Auflage, S. 50) Hier wird die Krise deutlich benannt, das Hinwegsehnen in eine unspezifische, namenlose Stadt entwickelt sich aus der ökonomischen Zwangslage.

Gravierende Abweichungen Im weiteren Verlauf werden die Abweichungen gravierender. In den ersten beiden Auflagen antwortet Jim auf die Frage von Moses, ob er vor der Hinrichtung noch etwas zu sagen habe, dass er allen ein selbstbestimmtes, unreglementiertes Leben wünsche und das Seinige nicht bereue. Anschließend singt er vor dem elektrischen Stuhl den vierstrophigen Choral »Laßt euch nicht verführen« und wird danach hingerichtet (s. 58,3–22). In der 3. Auflage dagegen fragt Jim, ob seine bevorstehende Hinrichtung tatsächlich ernst gemeint sei und ob die seinen Tod Vollziehenden überhaupt von der Existenz Gottes wüssten. Witwe Begbick kündigt ihm daraufhin ein weiteres Spiel im Spiel an, das »Spiel von Gott in Mahagonny« (3. Auflage, s. S. 54 f.). Jim darf als Zuschauer, schon auf dem elektrischen Stuhl sitzend, das Spiel verfolgen, zu dem sich Fatty, Toby Higgins, Bill, Moses und Jenny auf offener Bühne in die »Akteure« verwandeln. Nach dem Spiel spricht Jim seine »letzten Worte«, die sich von denen der ersten beiden Auflagen gravierend unterscheiden: »Jetzt erkenne ich; als ich in diese Stadt kam, um mir für Geld Freude zu kaufen, war mein Untergang besiegelt. Jetzt sitze ich hier und habe doch nichts gehabt. Die Freude, die ich kaufte, war keine Freude, und die Freiheit für Geld war keine Freiheit. Ich aß und wurde nicht satt, ich trank und wurde durstig. Gebt mir doch ein Glas Wasser!« (Ebd., S. 56) Während also Jim in der 1. und 2. Auflage der Nachwelt rät, das Leben in vollen Zügen zu genießen (vgl. 58,3–22), erkennt er in der 3. Auflage genau das Gegenteil: Er habe Illusionen besessen und von seinem Leben nichts gehabt, denn die Freuden und für Geld gekauften Freiheiten waren nur scheinbare, also Verblendungen. Die Empfehlung von Lebensgenuss wandelt sich nun zu einer schonungslosen Abrechnung mit eigenem Leben, aus dem – im Moment des Todes von Täuschung und Selbsttäuschung befreit – die Summe gezogen wird.

Von seiner Position her gehört das »Spiel von Gott in Mahagonny« in der 3. Auflage noch zur Szene 20. In den ersten beiden Auflagen wird es dagegen nach Jims Hinrichtung (sowie auch nicht veranlasst von ihm) aufgeführt und bildet zusammen mit den einsetzenden Demonstrationszügen die letzte Szene der Oper (Nr. 21; s. S. 59 ff.). Während Fatty in den ersten beiden Auflagen dort die bekannten Verse singt »Aber dieses ganze Mahagonny / War nur, weil alles so schlecht ist [...]« (61,9–14), erscheint in der 3. Auflage ein neuer Text, gesungen von Begbick, Fatty und Moses: »Aber unser teures Mahagonny / Hat nichts, wenn ihr kein Geld habt. / Für Geld gibt's alles / Und ohne Geld nichts. / Drum ist's das Geld nur / Woran man sich halten kann.« (3. Auflage, S. 57) Deutlich wird bei der Textänderung, dass Brecht die Zustandsbeschreibung eines allgemeinen Unbehagens (fehlende Ruhe, Eintracht und Orientierung) in der 3. Auflage verschärft und konkretisiert durch die Benennung dessen, was Mahagonny im Innersten zusammenhält: das Geld.

Auch die über die Bühne ziehenden Demonstrationszüge stilisiert Brecht zu einem konflikt- und sinnbildhaften Szenenarrangement. Während in den ersten beiden Auflagen die Regieanweisung allgemein lautet, dass die vier bzw. drei Züge *bis zum Schluß andauern«* (61,6–8), ist in der 3. Auflage gefordert, dass diese *»bis zum Schluß durcheinander und gegeneinander ziehen«* (3. Auflage, S. 56). Auch an den Losungen der mitgeführten »Tafeln« werden Unterschiede deutlich. Abweichend von den ersten beiden Auflagen (vgl. 62,14–21) lauten sie in der 3. Auflage: »*1. Für das Eigentum. / 2. Für den Diebstahl. / 3. Für die Liebe. / 4. Für die Käuflichkeit der Liebe. / 5. Für das schrankenlose Leben. / 6. Für den schrankenlosen Mord.«* (3. Auflage, S. 57) Brecht macht hiermit die zunehmende Radikalisierung der

Straße deutlich; zugleich ist die sechste Losung eine beklemmende Vorwegnahme dessen, was sich ab 1933 ereignen wird.

Der 2. und 3. Auflage ist als »Anhang« eine »Deutsche Fassung des Benares-Song (Nr. 19)« beigefügt (S. 60; S. 59; s. S. 114 f.).

Beschlagnahmung am 9.4.1940

Am 9. April 1940 wurden 1 958 Exemplare des Erstdrucks aller drei Auflagen in der Universal-Edition durch die Gestapo beschlagnahmt und höchstwahrscheinlich vernichtet (s. Nyström, S. 183). Nach Kriegsende teilte Alfred Schlee, der neue Leiter der Universal-Edition, am 26. September 1946 Weill brieflich mit, dass während der Nazizeit »einiges doch von der Gestapo beschlagnahmt« wurde. »Dazu gehört zu meinem grossen Bedauern *Mahagonny*«. (Grosch, S. 494) Der Komponist musste somit vom unwiederbringlichen Verlust eines seiner Hauptwerke ausgehen; erst nach seinem Tod stellte sich im Sommer 1952 heraus, dass die Partitur erhalten geblieben war.

Die für diesen Band verwendeten Materialien wurden mir dankenswerterweise vom Archiv der Universal Edition Wien, dem Bertolt-Brecht-Archiv der Akademie der Künste Berlin und der Arbeitsstelle Bertolt Brecht am Karlsruher Institut für Technologie (KIT) zur Verfügung gestellt.

Quellen

Lange Zeit herrschte Unklarheit über die Bedeutung des Wortes »Mahagonny«. Die Schlusssätze des Songspiels *Mahagonny* lauten jedoch: »Mahagonny – das gibt es nicht. / Mahagonny – das ist kein Ort. / Mahagonny – das ist nur ein erfundenes Wort.« (GBA 2, S. 331) Mahagonny ist demnach ein Kunstwort ohne konkreten Bezug. Brechts Jugendfreund, der Schriftsteller und Dramatiker Arnolt Bronnen (1895–1959), dessen Vornamen Brecht zum Anlass für seine Schreibweise »Bertolt« nahm, führt in seinen Erinnerungen über die gemeinsamen Jahre aus:

> »Brecht hatte damals zuerst das Wort ›Mahagonny‹ gefunden. Es war in ihm aufgetaucht, als er diese Massen braunbehemdeter Kleinbürger gesehen hatte, hölzerne Gestalten mit ihrer falsch eingefärbten, durchlöcherten roten Fahne. Der Begriff wuchs ihm aus dem Wort, wandelte sich mit ihm; doch in jenem Sommer [1923; J.L.] mochte er ihm zunächst Spießers Utopia bedeuten, jenen zynisch-dummen Stammtisch-Staat, der aus Anarchie und Alkohol die bis dahin gefährlichste Mixtur für Europas Hexenkessel zusammenbraute.
>
> ›Wenn Mahagonny kommt, geh ich‹, sagte Brecht zum Abschied.« (Bronnen, S. 112)

Bronnens Deutung, dass Brecht auf das Mahagoni-Braun der SA-Braunhemden und auf Hitler anspiele, schlossen sich seit den 1950er-Jahren etliche Brecht-Forscher an. 1991 fand Andreas Hauff jedoch eine neue Deutungsmöglichkeit: 1922 hatte der Berliner Figaro Verlag eine Notenausgabe des »afrikanischen« Shimmys »Komm nach Mahagonne« mit einem Text von O.A. Alberts und der Musik von Leopold Krauss-Elka (1891–1964) veröffentlicht; zudem sind drei Instrumentalfassungen dieses damals populären Gesellschaftstanzes auf Schellackplatten nachweisbar (s. Hauff 1991, S. 7 f.; vgl. auch Schebera, der auf eine Schallplatte mit einer Instrumentalfassung verwiesen hatte: GBA 2, S. 456). Mit hoher Wahrscheinlichkeit kannte Brecht diesen Shimmy, denn eine auffällige Formulierung im Refrain (»Zi-Zi-Zi-Zi-Ziehharmonika«) griff er auf: »Auf nach Mahagonny /

Das Schiff ist losgeseilt / Die Zi-zi-zi-zi-zivilis / Die wird uns dort geheilt.« (GBA 2, S. 340) Brechts »Zivilis« spielt an auf »Zivilisation«, »Bürgerschaft«, »City« sowie auf die Zivilisationskrankheit »Syphilis«, welche die Bewohner der Metropolen bedroht und der sie durch Flucht nach Mahagonny zu entkommen suchen. Aber auch andere Bezüge lassen sich zur Oper herstellen, denn im Shimmy ist die Rede davon, das bisherige, als »Jammertal« apostrophierte Leben hinter sich zu lassen und in das afrikanische Fantasiegebilde »Mahagonne« zu entfliehen, wo ein von gesellschaftlichen Tabus befreites Liebesleben lockt und keine Steuern zu entrichten sind.

Für die Werkgeschichte der Oper ist v. a. eine autobiografische Notiz Brechts vom Juli 1924 von Bedeutung, laut der er u. a. eine »Mahagonny-Oper« für »Mar« plant (GBA 26, S. 279). Mit »Mar« ist Brechts erste Ehefrau Marianne Zoff (1893–1984) gemeint, die er vermutlich Ende 1919 am Augsburger Stadttheater kennenlernte, wo sie als Mezzosopran engagiert war. Zwar hatte Brecht schon vor der Begegnung mit ihr Texte für musikalische Zwecke geschrieben, doch scheint der Beruf seiner Ehefrau einen zusätzlichen Impuls in Richtung Oper gegeben zu haben. Zudem wird am Datum der Notiz deutlich, dass Brecht bereits drei Jahre vor seiner Zusammenarbeit mit Weill den Plan für ein Opernprojekt *Mahagonny* gefasst hatte und dass er diese »alte« Idee beim ersten Gespräch mit dem Komponisten wieder ins Spiel brachte, wie Weill bestätigt (s. S. 70).

Im zeitlichen Umfeld seiner Notiz von 1924 schrieb Brecht zwei fragmentarisch überlieferte »Mahagonnysongs No. 4« (GBA 13, S. 297–299, s. S. 510). Doch auch das um die Mitte der 1920er-Jahre entstehende Stückfragment *Sintflut* handelt von Großstädten wie der »Paradiesstadt Miami«, die im Wasser versinken (s. GBA 10, S. 545). Als Material hatten Brecht und seine Mitarbeiterin Elisabeth Hauptmann (1897–1973) Zeitungsmeldungen über Hurrikane, Tornados und Überschwemmungen studiert, so auch über einen verheerenden Sturm im September 1926, der in Südflorida und Miami Zerstörungen anrichtete. Diese Quellen dürften auch für die Oper *Mahagonny* von Belang gewesen sein.

Brecht übernahm auch bereits vorhandene eigene Texte in das

Notiz Brechts vom Juli 1924

Libretto. So stammt das Gedicht »Gegen Verführung« (1918; GBA 11, S. 116) aus der *Hauspostille*; dem *Lesebuch für Städtebewohner* ist das Gedicht »Blasphemie« (1927; ebd., S. 172) entlehnt. Weiterhin fand der in mehreren Fassungen existierende »Mandelay Song« (um 1926, GBA 13, S. 359, 533 ff.) Eingang in die Oper, ebenso die Gedichte »Die Städte« (um 1926; ebd., S. 356) und »Tahiti« (um 1921; ebd., S. 238). In Letzterem wird der Beginn aus Adolf Martells populärem Liedtext »Des Seemanns Loos« (1897) fast originalgetreu zitiert (vgl. ebd., S. 485 f.).

Die Oper *Mahagonny* weist, wie viele Werke Brechts, Spuren kollektiver Arbeit auf. So hatten Brecht und Weill in enger Zusammenarbeit das Libretto der Oper erstellt; neben dem Komponisten nennt Brecht als »Mitarbeiter« weiterhin Elisabeth Hauptmann und Caspar Neher (s. GBA 2, S. 334). Doch auch andere Personen trugen zur Oper bei. So erinnerte sich 1956 Weills Witwe Lotte Lenya (sie hatte in den USA ihren Nachnamen amerikanisiert) an die gemeinsame Arbeit:

Spuren kollektiver Arbeit

> »Oft begleitete ich Kurt damals zu Brechts Studio in der Spichernstraße. Dort gab's immer eine bestimmte Phase in der Arbeit der beiden, in der sie uns alle ermunterten, eigene Ideen beizusteuern – so gibt es im ersten Duett zwischen Jim und Jenny zwei oder drei Textstellen, die von mir sind. Brecht fragte mich damals: ›Lenja, also was sagt denn so ein *Mädchen* … was fragt denn so ein Mädchen ihren Mann, wenn sie ihn da [im Bordell] trifft?‹ Darauf antwortete ich: ›Trage ich Wäsche unterm Rock oder geh ich ohne Wäsche?‹ Der Brecht nahm alles sofort auf – ganze Dialogstellen verschiedener Leute – es waren immer eine Menge Leute um ihn […] Aus diesen langen, fantastischen und oft sehr lustigen Diskussionen pickten sich Kurt und Brecht dann das für sie Passende heraus.« (Symonette/Kowalke, S. 67)

In der Forschungsliteratur werden weiterhin Gedichte von Rudyard Kipling und François Villon als Anregung oder Quelle aufgeführt, ebenso die von Bret Harte stammende Erzählung *The Luck of Roaring Camp* (1870), welche von Goldgräbern in Alaska handelt und die Brecht über die deutsche Edition *Kalifornische Erzählungen* (Leipzig, o.J.) kennenlernte (s. Knopf

Lit. Anregungen

2001, S. 182). Zudem vermutet Helfried W. Seliger, dass der Shanty »Fifteen men on the dead man's chest« aus Robert Louis Stevensons *Treasure Island* (1883; dt. *Die Schatzinsel*) eine Anregung für Brechts »Alabama-Song« gewesen sein könnte (Seliger, S. 337 f.).

Über diese und andere Bezüge hinaus ist auch Brechts Namenswahl für die Handlungspersonen aufschlussreich. Jim Mahoney und Leokadja Begbick verweisen auf das Stück *Mann ist Mann*, wo ein Jesse Mahoney als Soldat in der britischen Armee dient (s. GBA 2, S. 94 ff.) und die Witwe Leokadja Begbick einen »Trinksalon« unterhält (s. ebd., S. 103 f.).

Brecht und Weill schlagen in der 2. Auflage vor, die Namen der Handlungspersonen »in jeweils landesübliche« umzuändern (2. Auflage 1930, S. 3). Aus Jim Mahoney soll bei deutschen Aufführungen »Johann Ackermann (auch Hans)« (ebd.) werden; »Ackermann« ist zugleich auch der Mädchenname von Weills Mutter (vgl. Lucchesi/Shull, S. 412; ob dieser private Bezug beabsichtigt war, konnte bisher nicht nachgewiesen werden). Zumindest die für die Publikation in den *Versuchen* 1930 benutzten und nochmals veränderten Namen Paul Ackermann (Jim), Joseph Lettner (Joe) und Heinrich Merg (Bill) zielen auf reale Personen, nämlich die Komponisten Paul Hindemith und Joseph Haas sowie auf den Dirigenten Heinrich Burkhard, welche das Leitungsgremium der Baden-Badener Musiktage 1929 bildeten. Sicher ist Brechts Namenswahl eine Anspielung auf Auseinandersetzungen um das *Badener Lehrstück* (vgl. Krabiel, S. 369 f.).

Wirkungsgeschichte

Die Uraufführung der Oper *Aufstieg und Fall der Stadt Maha-* Uraufführung
gonny am 9. März 1930 am Neuen Theater Leipzig (Regie: Walther Brügmann, Bühnenbild und Projektionen: Caspar Neher,
Musikalische Leitung: Gustav Brecher) war eine der skandal-
trächtigsten Theaterpremieren der Weimarer Republik. Das Publikum war sich der historischen Tragweite dieses Opernabends
durchaus bewusst, so auch der Schriftsteller und Kritiker Alfred
Polgar (1873–1955), der seine Besprechung mit einem Goethe- A. Polgar
Zitat abschloss: »Von hier und heute geht eine Epoche aus, und
ihr könnt sagen, ihr seyd dabei gewesen« (zit. n. Wyss, S. 110). Es
bleibt offen, welche »Epoche« er aufkommen sah, doch jene,
welche knapp drei Jahre später mit der Machtübergabe an Hitler
begann, kündigte sich hier bereits lautstark durch SA-Störtrupps
und deutschnational gesinnte Opernbesucher an:
> »Schon am Beginn des Abends, der stürmisch werden sollte,
> lag Verschiedenes in der Luft. [...] Es roch auch stark nach
> mitgebrachtem Unwillen, der darauf wartete, erregt zu wer-
> den, und, als diese Erwartung sich nicht rasch genug erfüllte,
> durch Selbstzündung losging. Es ging los. Hier, dort, oben,
> unten im elektrisch geladenen Raum zuckten Widersprüche
> auf, riefen Widersprüche gegen die Widersprüche wach, die
> ihrerseits Widersprüche zur dritten Potenz weckten. [...]
> Kriegerische Rufe, an manchen Stellen etwas Nahkampf, Zi-
> schen, Händeklatschen, das grimmig klang wie symbolische
> Maulschellen für die Zischer, begeisterte Erbitterung, erbit-
> terte Begeisterung im Durcheinander. Zum Schluß: levée en
> masse [Mobilmachung] der Unzufriedenen, und deren Nie-
> derschmetterung durch den Hagel des Applauses.« (Zit. n.
> ebd., S. 109 f.)

Hatte Polgar v. a. das Atmosphärische des Premierenabends geschildert, so beschrieb die Musikzeitschrift *Melos* in ihrer April- *Melos*-Kritik
Ausgabe 1930 die neue Qualität dieser Oper:
> »*Mahagonny* bricht radikal mit der Oper als ›schönem
> Schein‹ und führt direkt in die Wirklichkeit. Aber dieses Stück
> bleibt nicht an der Gegenwart hängen, indem es ihre Requi-

siten billigerweise auf die Opernbühne verpflanzt, sondern setzt sich zum ersten Male wirklich mit Ideen auseinander, welche die Gegenwart zutiefst bewegen. Es übt eine vernichtende Kritik an der heute bestehenden kapitalistischen Gesellschaftsordnung. Insofern kann man die Geschichte vom *Aufstieg und Fall der Stadt Mahagonny* als die erste Zeitoper im eigentlichen und tieferen Sinne bezeichnen. [...] *Mahagonny* wendet den Typus der in geschlossenen Einzelformen aufgeteilten Nummernoper an. Aber während diese ›statische‹ Form in anderen, früheren Opern noch im Widerspruch zu einer dramatisch bewegten Handlung auf der Bühne steht, ist dieses Stück von vornherein bewußt auf das epische Prinzip angelegt. Wie schon in der *Dreigroschenoper* sind Bilder aneinandergereiht, die durch projizierte Texte erläutert werden. Auch die Szene besteht ausschließlich aus Projektionen: letzte Konsequenz in der Desillusionierung der Opernbühne.« (Zit. n. Hennenberg/Knopf, S. 228, 229)

Trotz dieser anerkennenden *Melos*-Kritik, die Brechts und Weills Absichten bemerkenswert klar darstellt, nahm die Öffentlichkeit *Mahagonny* kaum zum Anlass, um über künstlerisch-ästhetische Fragestellungen des zeitgenössischen Musiktheaters und seines gesellschaftlichen Bezugs zu diskutieren. Vielmehr löste diese Oper heftigste politische Auseinandersetzungen aus.

Uraufführungsskandal Der Uraufführungsskandal nahm solche Dimensionen an, dass im Leipziger Stadtrat sowie im Theaterausschuss sogar über ein Verbot weiterer Aufführungen diskutiert wurde. Die Presse verfolgte diese Kontroversen aufmerksam und berichtete auch überregional. Im Berliner *Film-Kurier* vom 13. März 1930 heißt es dazu:

»In Leipzig soll den über Weill und Brechts ›Mahagonny‹ erregten Gemütern eine Kompromißlösung geboten werden: die Oper soll vor Arbeiterorganisationen usw. in geschlossener Vorführung in Szene gehen. Bert Brecht erklärt uns dazu: ›Mit dem Kompromiß bin ich nicht einverstanden. Bühnenwerke gehören an die Oeffentlichkeit. Eine geschlossene Vorstellung nützt uns nichts. Es wird Sache unseres Verlegers sein, dagegen einzuschreiten, wenn nur geschlossene Vorstellungen gemacht werden‹.« (Zit. n. Ackermann/Heißerer, S. 57)

Angesichts des massiven Widerstands rechtsgerichteter Parteien und Organisationen war es nicht verwunderlich, dass die Leipziger Inszenierung nur auf vier weitere Aufführungen kam. Andernorts geplante Inszenierungen, so in Oldenburg, Dortmund und Essen, wurden wegen dieser erregten Stimmungslage nicht realisiert. Dagegen fanden Aufführungen in Braunschweig (12. März 1930) und in Frankfurt am Main (16. Oktober 1930) trotz massiver Störungen statt. Doch die politischen Verhältnisse in Deutschland waren anfangs der 1930er-Jahre bereits so radikalisiert, dass die mit *Mahagonny* provozierte Frage nach der Erneuerbarkeit der Oper (und damit der Gesellschaft) schon wieder überholt bzw. irrelevant erschien; stattdessen sollte sie wenige Jahre später im Faschismus als abschreckendes Beispiel für die »Zersetzung« deutscher Kunst von »jüdisch-bolschewistischer« Seite aus dienen. Der Musikkritiker Alfred Heuss, der die zeitgenössische Musik als »undeutsch« verunglimpfte und auch den Dirigenten Gustav Brecher ablehnte, äußerte sich 1930 in der April-Nummer der traditionsreichen *Neuen Zeitschrift für Musik*:

> »Halloh, meine sauberen Herren Brecht und Weill, Ihre Tage dürften wohl ebenfalls so gezählt sein wie die Ihrer Abschaumstadt Mahagonny! [...] Der Abend war nichts anderes als ein Volksgericht und ging ganz erheblich über einen gewöhnlichen Theaterskandal hinaus, mochte der modische Kunstpöbel, wozu wir ihm schönstens gratulieren, auch noch äußerlich stärker sein und Hervorrufe der Autoren erreichen. Was steckt aber alles hinter dieser Theaterschlacht? [...] Was man noch 1928 durfte, darf man 1930 nicht mehr! [...] die goldene Zeit für Dichter des Zuhältertums ist um!« (Zit. n. Hennenberg/Knopf, S. 222)

Allerdings waren auch andere Stimmen zu vernehmen, die auf noch vorhandene Zivilcourage an einzelnen Theaterstandorten schließen lässt; so in Kassel (Regie: Jacob Geis, Bühnenbild: Waßmuth/Caspar Neher, Musikalische Leitung: Maurice de Abravanel), wo die Oper zeitgleich mit Braunschweig gegeben wurde. Die *Kasseler Post* berichtete am 13. März 1930:

> »Was für Leipzig galt, gilt nicht für Kassel! Ein ebenso maßvolles wie taktvolles Premierenpublikum begegnete der Erst-

aufführung von Kurt Weills *Mahagonny*, ohne in den Fehler zu verfallen, künstlerische Dinge mit politischen zu verwechseln. So war die Aufnahme der – durch eine ausgezeichnete Aufführung herausgestellten – Oper warm und verständnisvoll« (zit. n. ebd., S. 231 f.).

Jedoch hatte der Leipziger Skandal die Intendanten von Kassel und Braunschweig zuvor veranlasst, auf Änderungen zu drängen. Diese bestanden aus Streichungen innerhalb der Bordellszene; komplett wurde die Spielszene »Gott in Mahagonny« entfernt sowie auch sämtliche Tafeln der Demonstrationszüge im Finale.

Ernst Josef Aufricht, der 1928 im Theater am Schiffbauerdamm *Die Dreigroschenoper* und ein Jahr später *Happy End* produziert hatte, interessierte sich für die Oper und bekam den Zuschlag. Für die Berliner Erstaufführung am 21. Dezember 1931 mietete er das Theater am Kurfürstendamm (Regie, Bühnenbild und Projektionen: Caspar Neher, Musikalische Leitung: Alexander von Zemlinsky). Doch das von Aufricht zusammengestellte Solistenensemble, dem Lotte Lenja, Trude Hesterberg und Harald Paulsen angehörten, bestand fast ausnahmslos aus Schauspielern. Dies bedeutete Konsequenzen für die Musik; Weill strich das »Duett von Kranich und Wolke«, vereinfachte Gesangspartien und richtete die Partitur für ein kammermusikalisch besetztes Orchester ein. Auch der Chor umfasste nur sieben Sängerinnen und 18 Sänger. Diese Inszenierung war so erfolgreich, dass sie mit über 50 Aufführungen bis Februar 1932 einen Serienrekord für zeitgenössische Oper erzielte, zu Tumulten kam es in Berlin nicht. Vermutlich blieb das Schockerlebnis aus, denn die politischen Verhältnisse hatten sich in Deutschland zur Jahreswende 1931/32 derart radikalisiert, dass die Lebenswirklichkeit die Opernwirklichkeit bereits weit überholt hatte. Darauf nahm auch der Kritiker Hugo Leichtentritt in der Zeitschrift *Die Musik* vom Januar 1932 Bezug:

> »Die Sensation blieb in Berlin aus. [...] Brechts berlinisch kesse Anrempelung des Kapitalismus rührt uns jetzt nicht mehr sehr stark. Die Zeit selbst hat unser aller kapitalistischen Gelüste so stark angerempelt, daß Brechts noch so freche Ausfälle schon überflüssig und überholt erscheinen.« (Zit. n. ebd., S. 240)

Berliner Premiere

Auch Walter Steinthal, der 1928 als Erster die Uraufführung der *Dreigroschenoper* begeistert besprochen hatte, führte im Berliner *12-Uhr-Blatt* vom 22. Dezember 1931 ernüchtert aus:

>»Der Abend hat leere Strecken. Auch, daß viele Menschen zeittheatermüde sind, kommt ihm nicht zugute. Was vor drei Jahren neuer Opernstil war, ist heute Geschichte gewordenes Experiment. Man hat wieder entdeckt, daß das aktuelle Problem in jedem noch so unaktuellen Stoff stecken kann, und daß Aktualität des Stoffes unter Umständen doch nur Kostüm zu schnellerem Verständnis ist. Eine neue, eine sehr alte Entdeckung« (zit. n. Wyss, S. 119).

Theodor W. Adorno hob in den *Musikblättern des Anbruch* vom Februar/März 1932 hervor, dass

Th. W. Adorno

>»die Änderungen, die Weills und Brechts Oper für Opernhäuser im fashionablen Kurfürstendammtheater erfuhr, [...] sich vielmehr darauf [beschränken], es dem veränderten szenischen Rahmen anzugleichen: es zu *verkleinern*. [...] Es gibt sehr viele Striche. Nicht bloß Benares-Song und Gott in Mahagonny bleiben fort; auch der Choral ›Laßt euch nicht verführen‹ ist gefallen, die Gerichtsszene gekürzt, die lyrische Mitte des Stückes, das Duett von den Kranichen, geopfert. Das Motiv von Gott in Mahagonny wird in ein paar knappe Dialogsätze der Hinrichtungsszene gedrängt; [...] Jimmys Angstgesang ist umgestellt; Jennys Lied ›Ach, bedenken Sie‹ frisch komponiert und an einer vom Rotstift bedrohten Stelle ein außerordentliches Orchesterzwischenspiel eingefügt, das den Mahagonny-Stil zugleich hält und überblickt. – Die Inszenierung ist ebenfalls auf Verkleinerung aus: setzt Pointen, isoliert Figuren, denkt oft und gern an die Dreigroschenoper. Trotzdem ist die Substanz *nicht* angegriffen und bewährt sich« (Adorno 1984, S. 276).

Anlässlich der Berliner Inszenierung erschien zu Werbezwecken eine der ersten deutschen Bildschallplatten – also eine farbig bemalte Schellackplatte mit Motiven aus der Oper *Mahagonny* – für die Emil Róosz mit seinem Orchester instrumentale Fassungen von »Wie man sich bettet« und des »Alabama-Songs« einspielte. Doch schon zuvor war Musik aus *Mahagonny* auf Schallplatte herausgekommen: 1930 bei Telefunken und ein

Tondokumente vor 1933

Jahr später bei Homocord. Anfang 1932 veröffentlichte auch Electrola einen Opernquerschnitt, im Februar 1932 erschien bei Telefunken eine weitere Einspielung. Diese fünf Schallplatten sind die einzigen Tondokumente vor 1933, die von der Oper vorhanden sind.

M. Schiffer Zur Wirkungsgeschichte von *Mahagonny* gehören auch zwei weitere Bezüge. Vom Berliner Kabarettautor Marcellus Schiffer (1892–1932) stammt eine undatierte dreiseitige Textparodie mit dem Titel *Makaronny. Oder: Der kleine Hurrikan*, welche zwischen der Leipziger Uraufführung im März 1930 und dem Tod Schiffers im August 1932 verfasst wurde; möglicherweise entstand sie im Zusammenhang mit der Berliner Erstaufführung Ende 1931 (Abbildung einer Typoskriptfassung im Programmbuch *Kurt Weill Fest Dessau 24.2.–5.3.2006*, S. 14–16).

W. Gilbricht Der Leipziger Dramatiker Walter Gilbricht (1891–1974) veröffentlichte am 2. Juni 1930 im Berliner *Montag Morgen* seinen Beitrag »Neue Plagiatsaffäre um Brecht«, in dem er jenen beschuldigte, mit der Oper *Mahagonny* Gilbrichts Stück *Die Großstadt mit einem Einwohner* plagiiert zu haben. Als Argument führte Gilbricht an, dass er sein Stück im Frühjahr 1928 der Berliner Piscator-Bühne übermittelt hatte, wo es aber nicht zur Aufführung gelangte. Brecht habe, so Gilbricht, als Mitglied des Piscator-Kollektivs den unveröffentlichten Stücktext einsehen können. Weill stellte in seiner Entgegnung am 10. Juni im *Montag Morgen* fest, dass Brechts Libretto im Frühjahr 1928 bereits fertiggestellt war. Am 16. Juni folgte eine weitere Gegendarstellung des an der Piscator-Bühne tätigen Dramaturgen Felix Gasbarra, der betonte, dass Brecht zum Zeitpunkt der Einreichung des Stückes nicht mehr Mitglied des Kollektivs gewesen war (vgl. dazu GBA 21, S. 753 f.; auch Brechts Entgegnung, in: ebd., S. 399).

Inszenierungen im europ. Ausland Im europäischen Ausland kam es vor 1933 zu einigen Aufführungen der Oper, so im Juli 1930 am Deutschen Landestheater Prag (Regie: Max Liebl, Musikalische Leitung: Georg Szell) und am 26. April 1932 am Wiener Raimund Theater (Regie: Max Brand und Hans W. Heinsheimer, Musikalische Leitung: Gottfried Kassowitz; mit Lotte Lenja als Jenny). Die Reaktion auf die Wiener Inszenierung mit nur zwölf Aufführungen war zweigeteilt. Während sie für das Publikum einen Erfolg darstellte und sich zu einem gesellschaftlichen Ereignis auswuchs, wurde sie in der Presse heftig kritisiert. Der (nicht identifizierte) Kritiker B. wertete *Mahagonny* in seiner am 28. April 1932 in der Wiener *Reichspost* erschienenen Besprechung als einen »Faustschlag gegen jeglichen besseren künstlerischen Geschmack, ein Hohn auf den Begriff Kunst.« (Zit. n. Wyss, S. 121) Aber »plötzlich, irgendwo tritt doch sein Sinn hervor: Haß gegen die Unzulänglichkeit der Welt, in der es keine Ideale gibt, in der jeder niedergetrampelt wird, der sich nicht zur Wehr setzt, in der nur das Geld regiert. [...] Und manchmal, sekundenlang nur, will es scheinen, als überfiele ihn [...] eine tiefe Melancholie, Mitleid mit der von ihm aller Hoffnungslosigkeit überantworteten Kreatur.« (Zit. n. ebd., S. 122)

Die letzte europäische Aufführung fand am 30. Dezember 1933 in Kopenhagen durch die »Operngesellschaft von 1932« statt. Zugleich war diese dänische Produktion die letzte zu Brechts und Weills Lebzeiten.

Bei den Ausstellungen »Entartete Kunst« 1937 in München und Berlin sowie »Entartete Musik« 1938 in Düsseldorf wurden *Mahagonny*-Plattenaufnahmen zur Illustrierung des »Entarteten« vorgespielt (vgl. GBA 2, S. 469). Da der Besitz dieser Schallplatten nach 1933 streng verboten war, übten sie entgegen der beabsichtigten Wirkung der Veranstalter auf Besucher einen besonderen Reiz aus.

In dem 1940 in Berlin erschienenen *Lexikon der Juden in der Musik*, das von Theo Stengel und Herbert Gerigk herausgegeben wurde, bezieht sich der Eintrag zu Weill auch auf die Oper *Mahagonny*. Deutlicher kann sich kaum die Sprache der faschistischen Mitläufer im »gleichgeschalteten« Musikbetrieb zeigen: »Der Name dieses Komponisten ist untrennbar mit der schlimmsten Zersetzung unserer Kunst verbunden. In Weills Bühnenwerken zeigt sich ganz unverblümt und hemmungslos die jüdisch-anarchistische Tendenz.« In der Oper *Mahagonny* offenbare sich »der musikalische Leerlauf Weills allzu deutlich«, auch sei »der Proteststurm aller künstlerisch gesund empfindenden Menschen gegen diese Verhöhnung der primitivsten Begriffe von Anstand auf der Bühne immer stärker« geworden (zit. n. Weissweiler, S. 328, 329).

Die erste Nachkriegsaufführung der Oper erfolgte 1957 am Landestheater Darmstadt; in der DDR wurde sie erstmals 1962 an den Landesbühnen Sachsen in Dresden-Radebeul aufgeführt. Seitdem gehört die Oper neben der *Dreigroschenoper* zu den bis heute immer wieder gespielten Werken Weills und Brechts.

Egon Monk inszenierte die Oper 1962 an der Hamburger Staatsoper (Premiere am 16. September). Hennig Rischbieter hob in seiner Besprechung in *Theater heute* (1962, H. 10) hervor, dass das Libretto »zum Frischesten, Sichersten« zähle, »was Brecht überhaupt geschrieben hat« (zit. n. Knopf 2001, S. 195).

Auch an der Piccola Scala in Mailand kam es 1964 durch Giorgio Strehler zu einer Inszenierung der Oper (Premiere am 29. Februar). Diese erinnerte Siegfried Melchinger in *Theater heute* (1964, H. 5) an ein »Mysterienspiel«, das »jede Erinnerung an ein ideologisches Programm zu vernichten« schien. *Mahagonny* sei ein »Wurf«, was die »Genialität im Werk der beiden Autoren« sowie die »Geschlossenheit von Inhalt und Form« anbetreffe (zit. n. ebd., S. 195).

An der Komischen Oper Berlin brachte Joachim Herz 1977 seine Inszenierung heraus (Premiere am 30. April); sie zählt zu den größten Erfolgen in der Geschichte des DDR-Theaters. Der (West-)Berliner Musikkritiker Hans Heinz Stuckenschmidt beschrieb sie in der *Neuen Zürcher Zeitung* vom 7./8. Mai 1977:

> »Mode, Parfum, Schnaps, Hitler-Bilder, Demonstrationen der Arbeitslosen von 1929 bis 1933, Panik der Wallstreet-Börse am Schwarzen Freitag und dergleichen Aktualitäten bereiten die einströmende Hörermenge auf die Riesenschau vor, die Joachim Herz nun auch in Berlin abzieht. Wir kennen solche atmosphärische Vorbereitung schon aus der Ära Felsenstein. Bei Herz, seinem erfolgreichsten Schüler und nun auch direktorialen Nachfolger, ist sie härter, beißender, politisch eindeutiger.« (Zit. n. Wyss, S. 123)

Herz deutet *Mahagonny* als ein Menetekel für die »Prophetie des bitteren Endes« (ebd.), er sieht die Geschehnisse in Mahagonny als Gleichnis an für den Umschlag der Weimarer Republik in die Katastrophe von Faschismus und Krieg. In Form eines »totalen Schaustücks« (ebd.), habe der Regisseur mit »Naziterror und Bombenkrieg« die Zuschauer schockiert (ebd., S. 124).

Doch trotz seiner sehr emotional geprägten Wirkungsabsichten habe dieser »an der hochpolitischen Deutung der *Brecht-Weill-schen Oper* keine Spur eines Zweifels« aufkommen lassen (ebd., S. 123).

Die Inszenierung John Dexters am New Yorker Metropolitan Opera House (Premiere am 16. November 1979, Musikalische Leitung: James Levine) erschien dagegen Hans W. Heinsheimer in der *Frankfurter Allgemeinen Zeitung* vom 8. Dezember 1979 als »Spiegelbild einer längst vergangenen Zeit« (zit. n. Knopf 2001, S. 195). Nach einem der »wüstesten Theaterskandale der Geschichte [...] perlten die Brechtschen Parolen an den New Yorker Hörern ab wie Wasser an den Enten« (ebd.). Dessen ungeachtet stieß diese Inszenierung in der amerikanischen Öffentlichkeit auf starkes Interesse; die elf Aufführungen waren ausverkauft, im Fernsehen wurden drei Live-Übertragungen sowie eine Rundfunkübertragung landesweit ausgestrahlt.

An der Hamburger Staatsoper inszenierte Peter Konwitschny im Jahr 2000 die Oper (Premiere am 12. November; Musikalische Leitung: Ingo Metzmacher). Die Wüste zu Beginn verwandelte er in eine Szenerie aus Palmen und blauem Himmel; auf einem übergroßen roten Sofa war der Chor platziert. Getragen wurden gelbe Hüte als Zeichen eines kollektiven All-inclusive-Clubgefühls. Wolfgang Fuhrmann schrieb dazu in der *Berliner Zeitung* vom 14. November 2000:

»Bei Konwitschny wird daraus, das liegt ja nahe, die heute angeblich allgegenwärtige Spaßgesellschaft [...], während Ingo Metzmacher und sein Orchester auf einer blauen Plastiktribüne im Bühnenhintergrund stehen, die wie im Sportstadion mit Werbesprüchen geschmückt ist: ›DU DARFST in Mahagonny‹. In den kammermusikalisch untermalten Szenen, die das große Vergnügen darstellen, ziehen sich Musiker silberglänzende Showjacken an und begleiten. Dabei wird aus dem Einkaufswagen gefressen und in Miettoiletten Liebe gemacht, das soll vermutlich ›Entfremdung‹ signalisieren. Aber die Befreiung der Sinne aus dem gesellschaftlichen Reglement erinnert ebenso gut an Forderungen der 68er wie an den Konsumismus der Folgegenerationen. [...] So tut Konwitschnys Ernsthaftigkeit dem Stück zugleich gut und schlecht: Gut, weil sie von jeder wohlfeilen und hier so nahe liegenden Ironisierung Abstand hält. Schlecht, weil der Abend durch seinen Verzicht auf jede Kulinarik etwas ungemein Bleiernes, Dozierendes, zuletzt sogar Oratorienhaft-Starres bekommt.« (Digitales Textarchiv der *Berliner Zeitung*)

Das Theater Basel brachte 2005 eine Inszenierung des englischen Regisseurs Nigel Lowery heraus (Premiere am 14. September; Regie, Bühnenbild und Kostüme: Nigel Lowery). In der *Badischen Zeitung* vom 16. September 2005 kommentierte Alexander Dick:

»Ein überdimensional großer Kubus, verschnürt wie ein Paket, bewegt sich unter Lichtblitzen amorph auf der Bühne; Menschen ducken sich vor ihm, weichen zurück – und dann, wie vorgesehen, die Stimme aus dem Off: ›*Der Hurrikan hat um die Stadt Mahagonny einen Bogen gemacht und setzt seinen Weg fort. – O wunderbare Lösung!*‹ Licht aus, Pause, die ersten Sektkorken knallen schon im Foyer. Ein Prosit auf unseren ehrenwerten längst Verblichenen, Brechts episches Lehrstück-Theater. Ach so, irgendwo gilt unser Mitgefühl natürlich immer noch den Opfern von New Orleans, um das ein anderer Hurrikan keinen Bogen gemacht hat. Die besten Verfremdungseffekte schreibt längst die medial repräsentierte Realität. [...] Wenn man so will, kann man das aus Lowerys Inszenierung herauslesen, die mit den (bekannten) Mitteln von Trash und Pop-Art arbeitet, den Zuschauer an den Lastern in Mahagonny aus der Distanz von Videospots mit Puppen in ironischer Brechung teilhaben lässt. Auf jeden Fall kann man die Zweifel, die die Regie dieser Theaterform entgegenbringt, spüren.«

Im Herbst 2010 eröffnete das Madrider Teatro Real seine Spielzeit mit einer international stark beachteten *Mahagonny*-Inszenierung der katalanischen Theatergruppe *La Fura dels Baus* (Premiere am 30. September; Regie: Àlex Ollé, Carlus Padrissa). Paul Ingendaay besprach am 3. Oktober 2010 in der *Frankfurter Allgemeinen Zeitung* die »umjubelte Premiere«:

»Vor der Premiere wurde geraunt, die Bühne sei ein einziger Müllberg, und es gehe um Gier, Gefräßigkeit, Sex, Geld. Ferner hieß es, die Oper ›Aufstieg und Fall der Stadt Mahagonny‹ von Bertolt Brecht und Kurt Weill sei eine scharfe Kritik am Kapitalismus, was wohl kaum von der Hand zu weisen ist, so dass einige Madrider Kapitalisten gleich zu Hause blieben und sich die Bühnenpremiere der Kapitalismuskritik in Zeiten von Wirtschaftskrise und zwanzig Prozent Arbeitslosigkeit lieber sparten. [...] Am Dirigentenpult stand der vierunddreißigjährige Pablo Heras-Casado und debütierte mit Spielfreude und präzisen Tempi. [...] Heras-Casado nahm die Songs und Gassenhauer ebenso ernst wie die elegischen Momente und behandelte ›Mahagonny‹ nicht als Singstück, sondern eher als Sinfonie.

Dem spürbaren musikalischen Zusammenhalt entsprach die Bühne von La Fura dels Baus, die völlig auf Glitter und Videoästhetik verzichtete und damit zum spontanen Theater der Anfänge zurückkehrte. Der Mensch in dieser ›Mahagonny‹ kriecht buchstäblich aus dem Müll – die Idee soll nach einem Besuch der Truppe in Schanghai entstanden sein – und baut sich aus Abfall irgendwo im amerikanischen Nichts eine Stadt. Seine Moral sieht danach aus. Auch die Freudenmädchen werden als zellophanverpackte Ware angeboten, bei der sich interessante Recyclingfragen stellen. Jegliche menschliche Aktivität – das Fressen wie im Hühnerstall, die Massenpaarung als Parodie industriemaschineller Abläufe – lässt schon den gigantischen nichtverwertbaren Rest ahnen, aus dem alles hervorgegangen ist und in den alles zurücksinkt. [...] Der Premierenabend etwa wurde in Zusammenarbeit mit einem französischen Sender in 127 Kinos in fünfzehn Ländern live übertragen. Deutschland war nur mit einem einzigen Kino in Düsseldorf vertreten, eben weil der englischen vor der deutschen Fassung der Vorzug gegeben wurde.« (Zit. n. Webseite: faz.net/aktuell/feuilleton/buehne-und-konzert/jubel-in-madrid)

Auch an der Wiener Staatsoper wurde Anfang 2012 die Oper inszeniert (Premiere am 24. Januar, Regie: Jérôme Deschamps, Musikalische Leitung: Ingo Metzmacher). Christoph Irrgeher berichtete in der *Wiener Zeitung* vom 25. Januar 2012 unter der Überschrift »Die Eingroschenoper«:

»Nun ja: Der ›Alabama Song‹ hat es, The Doors sei Dank, zum Rockhit geschafft. Und, zugegeben: Vereinzelt blitzt ›Mahagonny‹ noch auf Opernspielplänen auf, in Krisenzeiten freilich begünstigt durch einen vermeintlich brandaktuellen Inhalt. Stimmt zwar: Brechts Goldgräberstadt-Variante von Sodom und Gomorrha prügelt unausgesetzt auf den Kapitalismus ein. Nur macht Engagement noch keine große Kunst. Im gegebenen Fall sogar eher plumpe. Wollte Brechts episches Theater nicht zu kritischem Denken anleiten? Das Dauer-Moralfinger-Schwingen in ›Mahagonny‹ degradiert das Publikum zur Manipulationsmasse. Die Bühnenfiguren – überwiegend üble Gierschlunde – sind da lediglich Verlautbarungsorgane Brechtscher Kritik. [...] Zwar bekennt sich Regisseur Jérôme Deschamps im Programmheft zur ›Freude an szenischer Umsetzung‹, zur Konfrontation mit der Gegenwart, betreibt realiter aber das Gegenteil. Pflichtschuldig hat er eine Brecht-Gardine montieren lassen, jenen nicht allzu hohen Vorhang also, der Umbauten erkennen lassen und zur Distanz zwingen soll. Eine Distanz, die nach Brechts Dafürhalten kritischen Geist weckt. Deschamps jedoch entwickelt daraus ein Festspiel der Langeweile. [...] Unter diesen Vorzeichen nützt auch die Expertise von Dirigent Ingo Metzmacher wenig. All die Details, von den Bläser-Glissandi im 20er-Jahre-Stil bis zum aufgedonnerten Opernmoment, modelliert er plastisch. Seine Langsamkeit im Finale kann unter den gegebenen Umständen jedoch nur noch als Betörungsversuch verstanden werden. Um ihn zu fühlen, ist man bereits zu sediert. Immerhin: Auch dieser Abend endet. Mit enden wollendem Applaus.« (Zit. n. Webseite: wienerzeitung.at)

Deutungsansätze

Das Songspiel *Mahagonny* schließt mit der Feststellung, dass »Mahagonny« nicht existiere und »nur ein erfundenes Wort« sei (GBA 2, S. 331). Diese Anspielung auf einen »Nicht-Ort« (also auf Utopie) steht als Leitmotiv auch für die Deutung der Oper. Brecht und Weill reagieren auf die in der Weimarer Republik aktuellen Diskussionen um die Erneuerung der Operngattung mit einem Werk über die Stadt Mahagonny, in dem die Künstlichkeit, die Nichtidentität von Lebenswirklichkeit und Opernwelt deutlich hervorgekehrt ist. Der Aufstieg und Fall dieser Stadt wird in surrealen, parabolischen Szenen erzählt. Das ist nicht neu und ähnelt anderen zeitgenössischen Opernstoffen durchaus; man denke an Max Brands *Maschinist Hopkins* (1929) oder an Ernst Kreneks *Jonny spielt auf* (1927). Neu und ungewohnt ist aber der Verzicht auf handlungstreibende Entwicklungsbögen. Stattdessen arbeiten Brecht und Weill mit Handlungssprüngen, die sie durch eine Montage aneinandergefügter Momentaufnahmen erzielen, welche die Ereignisse wie im Zeitraffer komprimieren.

Steckbrieflich gesuchte Kriminelle gründen im geografisch-räumlichen Nirgendwo einer öden Gegend mit Gummibaum und Meerblick eine Stadt und vollziehen diesen Akt mit dem Hissen eines roten Wimpels an einem Angelstock (s. 11,4–5). Ist dieser nun eine Baustellenmarkierung mit roter Gefährdungswarnung oder Hinweis auf einen Zufluchtsort, auf einen politisch bestimmten Gegenentwurf für die Entrechteten, Geknechteten und Enttäuschten der kapitalistischen Welt, besonders ihrer Metropolen? Ist es das verführerische Rot vom Lippenstift der Witwe Begbick, mit dem Fatty laut Vorschlag Weills und Nehers den Wimpel bemalen soll (s. Farneth, S. 121, Abb. 232)? Oder dient der Fahnenwimpel mit seiner auch politisch deutbaren Symbolfarbe nur als ein ausgelegtes Netz, eine »Angel«, um gutgläubige und verzweifelte Menschen damit zu fangen? Bronnen brachte das Mahagonny Brechts mit den »Massen braunbehemdeter Kleinbürger« sowie ihrer »falsch eingefärbten, durchlöcherten roten Fahne« in Zusammenhang (Bronnen,

»Nicht-Ort« als Leitmotiv

S. 112) und wies damit auf die NS-Hakenkreuzfahne hin, welche die rote Arbeiterfahne pervertierte und als Lockung missbrauchte.

Im ersten Bild vollziehen die drei Ganoven mit einem schrottreifen Lastwagen sowie ihren Karl Valentin und Liesl Karlstadt präzis imitierenden Nonsens-Dialogen den unfeierlichen Gründungsakt; dazu dienen ein mitgeführter Bartisch sowie ein am Gründungsort wachsender Gummibaum als semantisch konnotierte Zeichen, welche die »Mitte« der Stadt und ihr zukünftiges Vergnügungspotenzial markieren sollen. Somit werden, wie auch später in der *Dreigroschenoper*, auf der Bühne und vor den Augen der Zuschauer theatrale Bilder selbstreferenziell inszeniert: hier die Setzung eines Tresens für die Inbesitznahme des fast leeren Bühnenraums (der später für die innere Leere seiner Bewohner stehen wird), dort der sich mit gestohlenem Mobiliar zur gutbürgerlichen Behausung auffüllende Pferdestall. Dazu

H. M.
Enzensberger

Hans Magnus Enzensberger: »Kein Orakel, kein himmlischer Wink steht am Anfang des mythischen Orts, sondern eine Autopanne; kein Aeneas begründet die Stadt, sondern Patty [sic!] der Prokurist, Dreieinigkeitsmoses und Leokadja Begbick, Schankwirtin und Puffmutter. Kein Opfertisch wird aufgerichtet, sondern eine Bartheke. Sie ist der Hausaltar der zukünftigen Hier-darfst-du-Schenke, des Hotels zum Reichen Mann.« (Enzensberger, o.S.)

Im zweiten Bild – nur wenige Wochen sind laut Regieanweisung vergangen (vgl. 11,27–28) – wird Mahagonny schon als funktionstüchtige, wachsende Stadt vor Augen geführt, in der sieben Prostituierte – euphemistisch »Haifische« genannt – mit ihrem Koffer eintreffen (12,3) und darüber nicht hinwegtäuschen können, dass sie eher »kleine Fische«, also »zum Fressen« sind.

»In Mahagonny materialisiert Brecht [...] einmal mehr seine Berlin-Bilder von der ›amerikanischen Stadt‹, von ›Spree-Chicago‹ [...] und ›Parvenüpolis‹« (Koch/Vaßen/Zeilinger, S. 9). Dieser Topos hat sich in der jüngeren Brecht-Forschung für die Netzestadt fest eingeschrieben: Mahagonny sei die Stein gewordene Megalopolis; doch statt Fließbandarbeit, Wohnungsenge und Naturentfremdung herrschen hier die Gesetze kapitalistischer Vergnügungsparadiese im großen Stil. Übersehen wird

Megalopolis
Mahagonny?

aber, dass Mahagonny, obschon im Operntitel als »Stadt« bezeichnet, bei Brecht keineswegs als Modell einer Millionenstadt westeuropäisch-amerikanischer Prägung erscheint. Im Libretto ist zwar von der »Netzestadt« (10,22), der »Paradiesstadt« (12,29), der »Goldstadt« (13,17; 14,18), dem »*Ort Mahagonny*« (34,4–5) und sogar von einem »Dreckhaufen« die Rede (26,6), aber alle weiteren Hinweise und Charakteristika lassen die Vorstellung einer Mega-City fragwürdig erscheinen. So ist eine Infrastruktur zwischen der Stadt Mahagonny und ihrem »*Landungsplatz*« (16,3, später auch »Hafen« genannt, 21,3) kaum vorhanden, denn die Abreisenden bewegen sich mit ihren Koffern mühevoll-hastig zu Fuß, da es offensichtlich keine Verkehrsanbindung gibt und sie befürchten müssen, die Abfahrt ihres Schiffs zu verpassen (s. 18,34–19,4). Mahagonny scheint auch nicht direkt am Meer zu liegen, denn ein »*Wegweiser*« am Landungsplatz informiert die Ankommenden, in welche Richtung sie »*nach Mahagonny*« aufbrechen müssen (16,4). Möglicherweise ist ihr Ziel nur erreichbar »*auf der Landstraße vor dem Ort Mahagonny*« (34,4), und Brechts Wahl des bestimmten Artikels legt die Befürchtung nahe, dass überhaupt nur eine Landstraße von und nach Mahagonny existieren könnte. Ihre Qualifizierung als »Landstraße« lässt obendrein darauf schließen, dass größere Verkehrsaufkommen im Zeitalter des Automobils nicht eingeplant sind.

Auch im weiteren Handlungsverlauf fallen Merkwürdigkeiten auf. So findet der Prozess gegen Jim in einem »*Gerichtszelt*« statt (49,3), während er zuvor die Nacht seiner Gefangenschaft »*an einen Baum gefesselt, im Wald*« verbracht hatte (48,2). Brecht korrigierte diese Merkwürdigkeit in der 3. Auflage, indem er aus dem Baum eine urbane Straßenlaterne machte (3. Auflage, s. S. 44). Jims Hinrichtung auf dem elektrischen Stuhl findet auf einem öffentlichen »*Richtplatz*« statt (57,25), was darauf schließen lässt, dass sich die Gerichtsbarkeit Mahagonnys nahezu archaisch unter freiem Himmel vollzieht, anstatt in großstädtisch-imperialen Gerichtsgebäuden und Gefängnissen. Dem fügt sich das geruhsame Leben der Bewohner Mahagonnys hinzu, bestehend aus Schwimmen, Fischen, Rauchen, dem Betrachten des Wassers oder dem Pflücken einer Banane (s. 23,20). Es herrschen somit ländlich-idyllische Zustände in Mahagonny – allerdings nur schlechte Kopien eines Arkadiens – mit frischer Luft und einem von Hochhäusern und Leuchtreklamen unverstellten Himmel, der sogar zum Betrachten einer »erzitternden« weißen Wolke einlädt (s. 26,10). Brecht spielt hier an auf sein Gedicht »Erinnerung an die Marie A.« (GBA 11, S. 92 f.) und verlangt einen stimmungsvollen grünen Theatermond, in dessen Schein frischer Fleischsalat serviert wird (s. 15,5). Folgerichtig besingen Jack, Bill und Joe in bukolischer Manier das »Heraufkommen des Abends«, die »Ruhe« und den »Frieden«, das »einfache Leben« und die »Größe der Natur« (23,26–33).

Nur im Kontext dieses kommunalen, männerbündischen Lebens auf dem Lande, wo es neben sieben Prostituierten und der Witwe Begbick überhaupt nur Männer jüngeren und mittleren Alters zu geben scheint, werden die schon bald aufkeimenden Gefühle wie Unzufriedenheit und Langeweile verständlich. So will Jim, der feststellt, dass »etwas fehlt« (23,34), in seiner ihn aggressiv machenden Langeweile nach Georgia abreisen, denn er hat Sehnsucht nach dem gewohnten urbanen Leben: »Ich glaube, da ist eine Stadt.« (24,9) Im Kontext dieses »einfachen Lebens« in Mahagonny ergibt auch der scheinbare Nonsens im »Benares Song« einen Sinn, wo dringlich-verzweifelt nachgefragt wird: »Is here no telephone?« und Moses entschieden mit »No!« antwortet (55,2–4). Mahagonnys Bewohner sind durch das Fehlen eines modernen Kommunikations- und Verkehrsnetzes der Welt beinahe abhandengekommen und es kann gemutmaßt werden, dass dies ein weiteres »Netze-Auswerfen« der kriminellen Stadtgründer ist, um ihre zahlenden Gäste für den dauerhaften Verbleib zu manipulieren. Allein die Zeitung ist den Einwohnern geblieben, nur muss befürchtet werden, dass sie wegen fehlender Infrastruktur erst verspätet anlangt, heißt es doch: »Fern vom Getriebe der Welt / Die großen Züge kommen nicht vorbei. / Liegt die Goldstadt Mahagonny.« (13,15–17) Somit lässt sich aus Brechts Libretto der isoliert und zivilisationsfern gelegene Lebensort einer männerdominierten Großkommune rekonstruieren, welcher von Arbeitsalltag, familiären Bindungen, Frauen, Kindern, Alten und modernem Stadtleben nahezu frei ist. Während mit frischem Fleischsalat, Alkohol, Zi-

Männerdominierte Großkommune

garren, Sex, Müßiggang und billigem Entertainment spießig ge-
lockt wird, unterwirft Mahagonny die aus aller Welt angereisten
Männer zugleich einem totalitären Regel- und Verbotswerk.
Fernab der großen Städte soll Mahagonny werbeträchtiges Symbol einer im Industriezeitalter der Moderne längst verloren ge-
gangenen Einfachheit und Natürlichkeit sein, angezeigt durch
»ein paar Schenken und ein Haufen von Stille« (21,5–6). Caspar
Neher, Bühnenbildner im Leipziger Uraufführungsteam und als
enger Freund Brechts vertraut mit dessen Absichten, hat sein
»Bild« von Mahagonny auf einer Projektionstafel für Theateraufführungen wiedergegeben: Wenige zwei- oder dreistöckige
Häuser, scheinbar aus Holz, stehen in großem Abstand zueinander in »öder Gegend« (s. 9,17), ergänzt durch drei Verbotstafeln,
drei Strommasten und eine dürre Palme. Im Bildvordergrund
warten fünf Prostituierte auf Freier, während sich ein dösender
Mann auf seinem Liegestuhl hinter aufgereihten Flaschen rekelt
(Brecht: *Versuche* 1–12, H. 1–4. 1977, S. 80; untere Tafel). Urbanität, Lebenskomfort und dichte Besiedelung sprechen nicht
aus diesem Projektionsbild mit der Inschrift »Das Leben in Mahagonny« (ebd.). Es reflektiert vielmehr den Umstand, dass kein
Bewohner einer Werte schaffenden und Urbanität erst ermögli-
chenden Arbeit nachzugehen scheint – Mahagonny verzehrt sich
selber.

Doch dieser fantasiegeprägte Gegenentwurf des kaum Stadt zu
nennenden Mahagonny hatte auch einen Bezug zur Realität der
1920er-Jahre. Obwohl die Großstadt ein freies und attraktives
Leben versprach, war sie auch ein Moloch, der das Individuum
Mensch in der anonymen Masse verschwinden ließ. Die Um-
prägung nahezu aller Lebensbereiche erzeugte neben einer Eu-
phorie über die Annehmlichkeiten der neuen Urbanität auch
Unsicherheit und Protest. Kritiker der Großstadt gründeten
Landkommunen, in denen zivilisationskranken Stadtbewoh-
nern Heilung versprochen wurde. In einem bunten Nebeneinander existierten schon im wilhelminischen Deutschland zahllose
Bewegungen, Vereine und Sekten: die Lebens- und Kleiderrefor-
mer, Naturkostreformer, Sexualreformer, der Wandervogel, die
Vegetarier, die Nacktkulturbewegungen sowie spirituelle Verei-
nigungen und Sekten, die auch nach dem Ersten Weltkrieg in der

Bezug zur
Realität der
1920er-Jahre

Weimarer Republik aktiv waren. Diese bürgerlichen Fluchtbe-
wegungen besaßen ein breites ideelles Spektrum, das sich aus
sozialreformerischen, religiösen, völkischen, nationalistischen,
sozialistischen oder anarchistischen Quellen speiste. Es ist nicht
auszuschließen, dass Brecht, der Kontakte zum »Wandervogel«
hatte, der sich mit der Heilsarmee beschäftigte und in der
Münchner Boheme verkehrte, sich mit diesen Strömungen aus-
einandersetzte; auch sein ehemaliger Turnlehrer Otto Dickel
war 1926 Gründer einer ergokratischen Siedlung bei Augsburg
und Verfechter der »völkischen Bodenreform« (vgl. Hillesheim,
S. 11). Aus diesem Umfeld könnten Anregungen für Brechts
Opernlibretto stammen, schlüssige Beweise fehlen bisher. Doch
bereits im Songspiel hatte Brecht die sozialtherapeutische Kraft
Mahagonnys für die großstadt- und zivilisationskranken Männer benannt: »Die Zi-zi-zi-zi-zivilis / Die wird uns dort geheilt.«
(GBA 2, S. 325)
Szene 3 zeigt einen mittels Textprojektion angedeuteten Ortswechsel, den einzigen der Oper, die ansonsten nur in und um
Mahagonny spielt. Brechts Regieanweisung fordert die »Ansicht einer Millionenstadt« (13,3–4), welche den Typus der west-
lichen Metropole im Zeichen einer technisierten Moderne darstellen soll: mit dem »Lärm« von Industrien und Verkehr, dem
»Rauch« der Fabriken, mit ihrem langsamen Verfall, mit
»Unruhe und Zwietracht« unter den Menschen sowie dem völ-
ligen Utopieverlust ihrer Gegenwart (»nichts, woran man sich
halten kann«; ebd.). Dies ist der einzige wirklich urbane Kampf-
schauplatz in der gesamten Oper, auf dem die für ihre Geschäfts-
idee »Mahagonny« werbenden Stadtgründer Fatty und Moses
propagandistische Netze auswerfen, um die Unzufriedenen als
neue Zahlkunden in ihre vermeintliche Paradiesstadt zu lo-
cken.
Doch der Wunsch, den Zwängen des urbanen Kapitalismus
durch einen Ortswechsel nach Mahagonny zu entfliehen, mün-
det fatalerweise in die bereits vertrauten Zwänge des Bezahlen-
müssens – wenn es sein muss, auch mit dem Leben. Da Mahagonny keinen echten Gegenentwurf bietet, sondern nur Gewohntes unter dem Deckmantel alternativer Lebensweisen
verkauft (also »alte Hüte«, die Jim erbost »auf-ess'n« will, vgl.

24,2), erzeugt der einst so verheißungsvolle Fluchtort erneute Fluchtbestrebungen in andere, ebenso irreale Orte und Landschaften: Den kollektiven Abreisen (18,34–19,4) folgt ein privates sich Hinwegträumen nach Georgia (24,8), nach Alaska (25,11) oder nach Benares (54,22): »Zu dieser Zeit gab es in Mahagonny schon viele, die sich nach einer anderen, besseren Stadt, nach Benares sehnten.« (Ebd.) Wenn Jim in seiner als Spiel im Spiel inszenierten »Seereise« auf dem Billardtisch »Land betritt«, das er als Alaska deutet, dann muss er – von Moses um Begleichung seiner Zeche angesprochen und jäh aus seinem Fluchttraum gerissen – enttäuscht feststellen: »Ach, es ist Mahagonny!« (45,17) Hier hat Brecht seismografisch auch Träume, Wünsche, Verblendungen und Enttäuschungen seiner Zeitgenossen benannt, die sich schon vor 1933 zu einer Sogwirkung in den erstarkenden »Hoffnungsträger« Faschismus entwickelten.

Der aus elf Szenen bestehende erste Akt schildert die Gründung der Stadt Mahagonny (Szene 1), das Eintreffen der Mädchen in Mahagonny (Szene 2), die Werbung für Mahagonny in einer namenlosen Millionenstadt (Szene 3), die Reise der aus Alaska kommenden Holzfäller Jim, Jack, Bill und Joe nach Mahagonny (Szene 4) sowie ihr Eintreffen dort (Szene 5). Während Witwe Begbick nach ihrer Ankunft zur Begrüßung die Preise reduziert und ihnen die Mädchen vorstellt, passiert die erste Merkwürdigkeit: Bewohner Mahagonnys verlassen mit ihren Koffern eilig die Stadt und wollen das Schiff noch erreichen, das die vier Ankommenden gerade verlassen haben. Joe und Jack werden misstrauisch, aber die Begbick und die Mädchen lenken sie ab. Der Grund für den Bevölkerungsschwund wird in Szene 7 klar: Die drei Stadtgründer Begbick, Fatty und Moses erkennen, dass die friedliche, doch verordnete Selbstgenügsamkeit der Männer keine Umsätze, sondern auf Dauer nur konsumfeindlichen Leerlauf produziert. Der schon beabsichtigte Abbruch des Mahagonny-Projekts wird nur vereitelt durch die Zeitungsmeldung, dass Konstabler in Pensacola nach Witwe Begbick fahnden. In dieser Krisenphase beschließt Jim, Mahagonny zu verlassen (Szene 8), weil der immerwährende Tagesablauf mit Rauchen, Schlafen, Schwimmen, Bananen essen und das Wasser betrach-

Erster Akt

ten ihn langweilt und aggressiv macht (s. 24,2). Nur mit Mühe können die Holzfäller ihn halten und nach Mahagonny zurückbringen (s. 24,32–33). Doch Jim lässt sich nicht beruhigen und fängt mit Begbick, Fatty und Moses Streit an (Szene 9). Er prophezeit ihnen Unglück, »weil hier nichts los ist« (27,24–25). Dies trifft in selbstprophezeiender Erfüllung sogleich ein, indem ein Hurrikan auf Mahagonny zurast (Szene 10). In der Nacht der drohenden Katastrophe findet Jim die Lösung für seine Unzufriedenheit: Es soll ab sofort in Mahagonny alles erlaubt sein, denn was der Hurrikan »an Schrecken tuen kann, / [...] Das können wir selber tun« (30,9–12). Witwe Begbick ist einverstanden mit der Abschaffung ihrer Verhaltens- und Verbotsregeln, zumal sie ohnehin die Zerstörung der Stadt durch den Hurrikan erwartet, der bereits Pensacola und die dort nach ihr fahndenden Konstabler vernichtet hat (Szene 11).

Über die Deutung des Hurrikans hat sich in der Sekundärliteratur keine allgemein akzeptierte Lesart herausgebildet. Allerdings hatte sich Brecht zunächst nicht für eine allegorische Sinngebung des Hurrikans interessiert, sondern ihn und seine zerstörerischen Auswirkungen studiert – übrigens noch vor der Arbeit an der Oper. Schon 1925 hatte er Zeitungsausschnitte gesammelt, die auf Naturkatastrophen Bezug nehmen. Er ordnete das Material seinem unvollendet gebliebenen Stückprojekt *Sintflut* zu (s. GBA 10, S. 535–545, vgl. S. 1155 f.).

So ist bei aller Deutungsvielfalt festzustellen, dass sich eine Naturkatastrophe im Handlungsgeschehen ankündigt und Jim dazu bringt, die »Gesetze der menschlichen Glückseligkeit« (28,21–22) neu zu definieren. Zugleich sind Naturkatastrophen aber auch ein wirkungsmächtiger Bestandteil der Opernstoffe seit dem Barock: Sie schaffen Dramatik und verhelfen den Handlungspersonen zu geläuterten Sinnen, man denke an Matthew Lockes *The Tempest* (1667) bis hin zu Wagners Romantischer Oper *Der Fliegende Holländer* (1843), auf die sich Brecht wiederholt bezog. Auch in der Oper *Mahagonny* spielen Brecht und Weill mit Bezügen auf tradierte Opernstoffe und benutzen deren Topoi, um sie zu ironisieren oder infrage zu stellen. Adornos Deutung des Hurrikans als Symbol des krisengeschüttelten, zusammenbrechenden Kapitalismus (ein Symbol, das in der

Schlussszene wieder aufgenommen wird, wo ein entfesselter Menschensturm die Stadt Mahagonny in den Untergang treibt; s. Adorno 1964, S. 132, 134 et al.), kommt der beabsichtigten Mehrdeutigkeit des Librettos entgegen, ist jedoch nicht zwingend.

Der zweite, aus sechs Szenen bestehende Akt (Szenen 12–17) Zweiter Akt setzt »*auf der Landstraße vor dem Ort Mahagonny*« ein (34,4–5), wo sich die Männer und Mädchen versammelt haben, um den Weg des Hurrikans zu beobachten. Eine Projektionsfläche zeigt seinen Verlauf mit einem beweglichen Pfeil an, erinnernd an militärische Generalstabskarten (vgl. Hauff 2000, S. 666). Weil der Hurrikan vor Mahagonny abbiegt, können die Männer das von Jim geforderte »Du darfst«-Leben praktisch umsetzen (Szene 12). Statt »Ruhe«, »Frieden« und »einfachem Leben« heißt es nun nach der glücklich abgewendeten Katastrophe: »Essen«, »Lieben«, »Kämpfen« und »Saufen« (Szenen 13–16). Hierbei spielt Brecht auf einige der sieben Todsünden an; dieses theologische Sündenregister des Mittelalters wird ihn und Weill für das Ballett *Die sieben Todsünden* 1933 nochmals beschäftigen. Fressen und Saufen korrespondieren mit maßloser Völlerei (lat. gula) in den Szenen 13 und 16, die (käufliche) Liebe in Szene 14 mit Wollust und Ausschweifung (lat. luxuria). Hinzu kommt das arbeitsfreie Leben in Mahagonny, das auf die Todsünde der Faulheit (lat. acedia) verweist. Die Weigerung der Jim nahe stehenden Menschen in Szene 16, ihm das fehlende Geld zu borgen, um die drohende Todesstrafe abzuwenden, weist auf den Geiz (lat. avaritia) hin. Allein das Preisboxen (Szene 15) ist nicht einordbar, obwohl auch hier Prinzipien der Fairness eklatant missachtet werden, da der Kampf zweier ungleicher Gewichtsklassen zugelassen wird, was den Tod von Joe zur Folge hat. Jim, der sein gesamtes Geld auf Joe gesetzt und verloren hat, lädt die Männer zum Whisky ein. Doch während er, nun gänzlich pleite, zur Kasse gebeten wird, flüchtet er in einem Akt bewusster Selbsttäuschung aus der Mahagonny-Welt. Der Billardtisch des Trinksalons wird zusammen mit einer Gardinenstange zu einem Segelschiff »erdacht«, auf dem Jim, Jenny und Bill die Segel der Fantasie hissen, um im wilden Sturm nach Alaska zurück zu segeln. Doch diese Fluchtfantasien, das »Theater auf

dem Theater« helfen nichts, denn Jim wird mit Moses' Auffor-
derung, die Rechnung endlich zu begleichen, auf den harten Boden Mahagonnys zurückgeholt und verhaftet (Szene 16). Er ver-
bringt seine letzte Nacht einsam und an einen Baum gekettet im
Wald (Szene 17).

Angesichts seiner Trinkkumpanen stellt auch Jim fest: »Wer in
Mahagonny blieb, / Brauchte jeden Tag fünf Dollar, / Und wenn
er's besonders trieb, / Brauchte er vielleicht noch extra.« (42,19–
22) Im Vergleich zum amerikanischen Durchschnittseinkom-
men mit 115,66 Dollar Monatsverdienst für das Jahr 1930 ist
das Leben in der Paradiesstadt Mahagonny mit einem monatli-
chen Bedarf ab 150 Dollar aufwärts überdurchschnittlich teuer.
Brechts Interesse an Lohn- und Preisstatistiken, am Funktionie-
ren internationaler Geldmärkte sowie am Börsenhandel entsteht
im Zusammenhang mit seinen Stückprojekten und es ist zu ver-
muten, dass er auch hier die Statistiken studiert hat.

Der dritte Akt, bestehend aus vier Szenen (18–21), zeigt die Ge-
richtsverhandlung gegen Jim; in ihr werden die Bestechlichkeit,
Willkür und Gesetzlosigkeit des Gerichts offenbar, das aus den
drei »Stadtgründern« besteht. Jim wird zum Tod auf dem elektrischen Stuhl verurteilt, denn sein Vergehen ist in Mahagonny
das Schlimmste: kein Geld zu haben (Szene 18). Nach dem Singen des »Benares Songs«, hoffend auf ein besseres Leben dort,
trifft die Nachricht über den durch ein Erdbeben zerstörten Ort
ein und macht auch diese Fluchtfantasie zunichte (Szene 19).
Nach Jims Verabschiedung von Jenny und seiner Hinrichtung
(Szene 20) folgt in der letzten Szene 21 das dritte Spiel im Spiel,
nämlich von »Gott in Mahagonny«. Gezeigt wird, dass die Autorität Gottes der modernen Welt abhandengekommen ist. Sein
überraschender Besuch bei den Männern in dem sprichwörtlich
»gottverlassenen« Ort und die Verurteilung ihres Lebenswan-
dels kann sie nicht schrecken, da die biblische Hölle ihre Wir-
kungsmacht verloren hat. Denn die Männer sind bereits zu Lebzeiten in der Hölle, welche in die modernen Städte längst Einzug
gehalten hat; so verweigern sie sich der Autorität Gottes. Das
Spiel geht über in »riesige Demonstrationen gegen die ungeheure
Teuerung« (60,34–35); dort wird wie in einer Parodie militäri-
scher Begräbnisprozessionen die Leiche Jims samt seinen Hab-

seligkeiten mitgeführt (vgl. Hauff 2000, S. 667). Die brennende Stadt Mahagonny steht kurz davor, in Zerstörung und Chaos zu versinken.

Zur Forschung

Fragen der
Forschung

Die Forschungsliteratur zur Oper *Mahagonny*, die gegenstands-
bedingt verschiedene literatur-, theater- und musikbezogene
Perspektiven reflektiert, hat sich nach der Uraufführung 1930,
v. a. aber nach dem Zweiten Weltkrieg im Wesentlichen mit folgenden Fragen auseinandergesetzt: woher das Wort »Mahagonny« stammt und was es bedeutet, worin der gesellschaftskriti-
sche Ansatz dieser Oper besteht, welche semantischen Bezüge
auszumachen sind, und schließlich, worin Brechts und Weills
Kritik an der vorgefundenen Operntradition kenntlich wird.

Witwe Begbick bezeichnet Mahagonny als »Netzestadt«, in der
sich solvente Kunden wie die »eßbaren Vögel« verfangen sollen
(10,25). Geld- und Gewinnmaximierung werden in der Oper als
entscheidende gesellschaftliche Triebkräfte aufgezeigt; deren

Adorno

Überwindung wird nicht diskutiert. Bereits 1930 stellte Adorno
fest: »Keine klassenlose Gesellschaft wird als positives Maß des
verworfenen Gegenwärtigen in Mahagonny offenbar.« (Adorno
1964, S. 131)

Nach Gründung beider deutschen Staaten wurde Brechts Ge-
samtwerk – darunter auch die Oper *Mahagonny* – von diame-
tralen kultur- und gesellschaftspolitischen Positionen aus bewertet. Kurz vor Brechts Tod 1956 kritisierte der in Berlin/DDR

E. Schumacher

wirkende Theaterwissenschaftler Ernst Schumacher, dass sich
Mahagonny zwar gegen den Kapitalismus wende, doch ohne
dass zugleich auch eine sozialistische Gesellschaftsperspektive
aufgezeigt werden würde. Er monierte, dass Brechts Oper kor-
rumpierte, dem Kapitalismus hörige Arbeiter zeige: »Noch
schiefer ist, daß die Maxime [Alles ist erlaubt für Geld] ausgerechnet von einem Holzfäller, einem Arbeiter, entdeckt und ausgesprochen werden muß« und dass die dem Kapitalismus we-
senseigenen Laster »ausgerechnet von den vier Holzfällern vor-
exerziert werden« (Schumacher, S. 273).

G. Wagner

Rund zwei Jahrzehnte später widersprach der westdeutsche
Opernregisseur Gottfried Wagner dieser These und meinte, dass
Schumachers Bewertung »zumindest teilweise die Folge einer
verkehrten, eindimensionalen Perspektive« sei (Wagner 1977a,

S. 185). Er übernahm Adornos Position, dass sich Brechts »marxistische Perspektive« nicht in einer vereinfachenden Schwarz-Weiß-Zeichnung darstellen lasse: »*Mahagonny* ist zwar aus marxistischer Perspektive konzipiert, führt jedoch eine andere, bessere Gesellschaftsordnung nicht plakativ vor Augen, sondern kritisiert die Mängel der derzeit bestehenden so, daß deren positives Gegenbild zumindest bruchstückhaft und punktuell in der Wunsch- und Vorstellungswelt des Zuschauers aufleuchtet.« (Ebd., S. 186)

Auch Klaus Völker wies in seiner Brecht-Biografie 1978 darauf hin, dass »die Mahagonny-Welt ein Spiegelbild der kapitalistischen Welt [war], so wie sie sich dem Stückeschreiber Ende der Zwanziger Jahre darbot« (Völker, S. 154). Das Modell für dieses Mahagonny »fand Brecht am Kurfürstendamm: von der Gedächtniskirche an bis zur Halenseer Brücke [...] tummelten sich die Vergnügungssüchtigen, ›die Unzufriedenen aller Kontinente‹ [...]. Bereits 1926 verwendete Brecht Ausdrücke wie ›Hexenkessel‹ und ›Sündenbabel‹ als Bezeichnungen für Berliner Vergnügungszentren, wo die Frauen amerikanisiert und in Girls verwandelt und dem kleinen Max Träume von der Südsee verkauft werden« (ebd.).

K. Völker

Jürgen Schebera bindet 1990 in die Kapitalismuskritik Brechts auch Weill mit ein, damit hervorhebend, dass das Libretto im Wesentlichen ein Resultat der Zusammenarbeit beider ist:

J. Schebera

> »Der bürgerlichen Welt wird mit der ›Netzestadt‹ und den in ihr unverhüllt waltenden Gesetzen des Kapitalismus ein unerbittlicher Zerrspiegel vorgehalten. In der Geschichte des Jim Mahoney, vergleichbar der Passion Christi, endend mit seinem und der Stadt Untergang, fügen sich die ›Sittenbilder der Zeit‹ – so Weill – zu einer visionären, parabolischen Darstellung der Epoche.« (Schebera 1990a, S. 126)

Parallel dazu erhob sich die Frage, wofür der Name »Mahagonny« einsteht. Hatte Bronnen bereits 1954 darauf verwiesen, dass er das Mahagoni-Braun der SA-Uniformen assoziiere (vgl. S. 153) und das Erstarken des Faschismus im Schoß der Weimarer Republik bedeute – eine Sichtweise, die auch in der Brecht-Forschung breite Zustimmung fand –, konnte Andreas Hauff 1991 nachweisen, dass sich »Mahagonny« von dem um

A. Hauff

1922 populären Shimmy *Komm nach Mahagonne* ableitet (vgl. S. 153). Auch die im Refrain des Shimmys erwähnte »Zivilis«, welche einem im afrikanischen Fantasieort »Mahagonne« ausgetrieben würde (also der »Bürgersinn«), deute ein fiktives Gegenmodell zu den realen »bürgerlichen« Metropolen an.

H. W. Seliger Helfried W. Seliger sah in Mahagonny »bestimmte amerikanische Vergnügungszentren wie Miami oder Las Vegas, Städte, die von gerissenen Spekulanten oder gar Verbrechern aus dem Boden gestampft wurden« (Seliger, S. 150) und vermutete, dass »Baden-Baden mit seinen Spielkasinos und sonstigen Vergnügungen für Wohlhabende, mit seinem langweiligen Kurbetrieb« Vorlage für ein fiktives »Baden-Baden/Las Vegas« gewesen sei (ebd., S. 150, 151).

mahagonny.com Unter dem Titel *mahagonny.com* fand im Juni 2003 eine Tagung der »International Brecht Society« in Berlin statt, auf der sich eine Reihe von Vorträgen dieser Frage widmete. Im *Brecht Yearbook*, das 2004 eine Auswahl von Tagungsbeiträgen veröffentlichte, fassen Florian Faßen und Marc Silbermann in ihrem Vorwort die Bedeutungsvielfalt zusammen: »Mahagonny, ein schillernder Begriff mit durchaus enigmatischen Tendenzen, ist eine metaphorische Bezeichnung, die schon zu Brechts Zeiten mit unterschiedlichen Bedeutungen aufgeladen war – von den ›Braunhemden‹ und dem Kleinbürgertum bis zum Exotismus des Mahagoni-Holzes und fiktiver Örtlichkeit in einem Schlagertext.« (Brockmann, S. 16) Die Netzestadt assoziiere zugleich »Goldstadt, Paradiesstadt, Spaßgesellschaft; Stätte von Lust, Destruktion und Untergang; Parvenüpolis, Passage und Hohlraum zugleich. [...] Das Netz ist nicht mehr nur ein Mittel von Herrschaft und Abhängigkeit, sondern auch von Kommunikation und Vernetzung« (ebd.).

Peter Marcuse verweist in seinem Beitrag auf Brechts »Darstellung dreier Stadt-Typen: Die Städte, unter deren flüchtenden Bewohnern die Gründer von Mahagonny ihre Kundschaft zu finden hoffen, Mahagonny selbst und das Mahagonny, das Paul ersehnt« (ebd., S. 22). Mit diesen drei Stadt-Typen entstehe »ein Geflecht von Interpretationen« (ebd.).

Hanns-Christian von Herrmann sieht dagegen in Mahagonny einen Ort, der »in Brechts Konzept des soziologischen Experiments begründet« sei (ebd., S. 30) und schlussfolgert:

»Indem das Geschehen auf der Bühne als ein von aller Gesetz-
lichkeit und Sicherheit befreiter Raum erscheint, in dem sich
menschliche Bewegungen mit der Unvorhersehbarkeit eines
Wirbelsturmes ereignen, nimmt die Oper nicht die Form einer
dramatischen Handlung an, sondern gibt ein künstliches Modell des wahrscheinlichen Verlaufs dieser gesetzlosen Bewegungen, so wie ein Meteorologe die Zukunft einer momen-
tanen Wetterlage zu bestimmen sucht.« (Ebd.)

Dimitris Karydas und Giorgos Sagriotis setzen Brechts Mahagonny mit Friedrich Nietzsches Nihilismus-Diagnose in Bezug:
»Die nihilistische Ordnung wird an der als ›Hohlraum‹ model-
lierten Erlebnisstadt Mahagonny vorgeführt, indem Brecht sie
als einen Ort der Wert-, Sinn- und Zeitentleerung darstellt, an
dem zügelloses Glückstreben, Genuss und Freiheit nur durch die
Funktion des Geldes reguliert werden.« (Ebd., S. 64)

Aus einer anderen Perspektive argumentiert Markus Wessen-
dorf, indem er auf den modernen Tourismus als Teilbereich von
Brechts Konsum- und Kapitalismuskritik verweist. Die »fiktive
Vergnügungsstätte Mahagonny« spiele demnach »komprimiert
auf die Geschichte des Massentourismus seit Mitte des neun-
zehnten Jahrhunderts« an und stelle Beziehungen zu »aktuellen
Tourismuszielen (wie Las Vegas und Hawaii)« her (ebd., S. 84).

Eine Reihe weiterer Forscher befasste sich in den letzten Jahrzehnten immer wieder mit dem Bibelbezug dieser Oper. Gunter
G. Sehm argumentiert, dass Brechts Librettotext »durchaus
nicht nur ein gesellschaftskritisches Spektakulum oder ein
kunstkritisches Exemplum« sei, »sondern in seinen Grundstruk-
turen nichts anderes als eine Parodie der *Bibel*« (Sehm, S. 86).
Die Gründung Mahagonnys durch Ganoven inmitten einer
Wüste beziehe sich auf das *Alte Testament*, auf den »Auszug der
Kinder Israel aus Ägypten« (ebd.); vergleichbar sei die glücks-
verheißende Goldstadt Mahagonny mit ihrem reichlichen Verbrauch von »Gin und Whisky« auch mit dem Gelobten Land,
wo »Milch und Honig« fließen (ebd.). Weiterhin verweist Sehm
auf den untypischen Gangsternamen Dreieinigkeitsmoses sowie
auf das Spiel mit den Zehn Geboten, welche Jim in der Nacht des
Hurrikans in ihr profan-brutales Gegenteil verkehrt. Überhaupt
wäre das Gangster- und Stadtgründungstrio das »Urbild einer

altbekannten biblischen Konstellation«, bei der Witwe Begbick den »alttestamentlichen Gott« vertrete, Dreieinigkeitsmoses als ihr »rigoroser Bannerträger« erscheine und Willy »einem farblosen Aaron« gleiche (ebd., S. 87). Das in der Oper vorgeführte Leben und Sterben Jims habe die »Passionsgeschichte zum Vorbild« (ebd., S. 92). Wenn Jim vor der Hinrichtung um ein Glas Wasser bittet, »variiert [er] damit das ›Mich dürstet‹« (ebd., S. 94). Hier, wie an zahlreichen weiteren Stellen zwingt Sehm den Operntext in eine Bibelparodie und übersieht, dass trotz der engen Bezüge Brechts zur Bibel das Libretto in seiner Vieldeutigkeit nicht deckungsgleich in christlicher Heilsgeschichte aufgeht.

Selbstanleihen Brechts

Ulrich Weisstein weist auf zahlreiche Selbstanleihen Brechts hin, d. h. auf die Einfügung älterer Texte in das Libretto. So ist der um 1926 entstandene und in verschiedenen Fassungen vorliegende »Mandelay Song« (vgl. S. 109 mit GBA 13, S. 359, 534 f.) in der Oper ebenso zu finden, wie das Gedicht »Die Städte« (um 1926; GBA 13, S. 356), oder »Tahiti« (um 1921; ebd., S. 238 f.), in das Verse aus Martells »Des Seemanns Loos« eingefügt sind. Der *Hauspostille* ist »Gegen Verführung« entnommen (1918; GBA 11, S. 116), aber auch das in Verbindung mit dem *Lesebuch für Städtebewohner* 1927 entstandene Gedicht »Blasphemie« (ebd., S. 172). Deshalb zweifelt Weisstein die poetische Qualität von Brechts Libretto an, da »kaum mehr als die Hälfte seines Textes neu ist« (Weisstein, S. 290). Polemisch spitzt er die Frage zu, ob dieser Text für eine Aufnahme in Brechts Werkausgaben überhaupt qualifiziert sei (ebd., S. 292). Weisstein verkennt, dass Brecht die Fähigkeit besaß, bereits vorhandenes Material so wiederzuverwenden, dass sich ganz neue Bedeutungsqualitäten erschließen lassen.

Am Fokus des Musikalischen interessierte Wissenschaftler diskutierten die Frage, wodurch sich die Oper *Mahagonny* vom zeitgenössischen und traditionellen Musiktheater abgrenze. Adorno hatte bereits Ende 1930 festgestellt, dass er »kein Werk [wüßte], das dem Begriff der Avantgarde strenger und besser angemessen wäre als gerade Mahagonny. [...] Mit allem nachwagnerischen musikdramatischen Wesen im weitesten und entferntesten Sinn, mit der fließenden Unendlichkeit des Seelentums, mit dem erotisch und organisch Wuchernden der Musik, mit Steigerung und Übergang ist hier endlich ganz Schluß gemacht« (Adorno 1984, S. 193).

Gottfried Wagner zufolge hatten Brecht und Weill mit ihrem Opernexperiment auf subkutane Wirkungen gezielt: »Es ist der Versuch, unter dem Tarnmantel der Großform Oper in die Psyche des Bildungsbürgertums (Opernpublikums) einzudringen und dort durch die Verfremdung dieses elitär überschätzten Bildungsgutes verunsichernd zu wirken, denn Verunsicherung zieht ja die Frage nach dem Warum nach sich.« (Wagner 1977a, S. 186) Wesentlich sei die Absicht beider, »die traditionelle Oper an dem ihr eigenen gesellschaftlich-kulturellen Ort, dem Opernhaus, durch die verfremdende Anwendung der sie konstituierenden Strukturelemente als kulinarisch, spätbürgerlich-kapitalistisch und verlogen zu entlarven« (ebd., S. 185). Er schlussfolgerte:

> »Handelt es sich beim Songspiel eher um einen Diskussionsbeitrag zur Frage, was man der traditionellen Oper als zeitgemäße Alternative entgegenstellen könnte, so sollte *Aufstieg und Fall der Stadt Mahagonny* den Zuschauer (Brecht und Weill dachten immer an ein *Opern*publikum) in einen dialektischen Erkenntnisprozeß hineinzwingen, der ihm die anarchischen Zustände innerhalb der kapitalistischen Gesellschaft am Beispiel der so überaus geschätzten, Auge und Ohr verwöhnenden Kunstform Oper bewußt machte.« (Ebd., S. 184)

Andere Deutungen verweisen darauf, dass *Mahagonny* die »erste surrealistische Oper« sei (Adorno 1964, S. 137), die sich zudem in der Tradition Franz Kafkas befinde: »Wie in Kafkas Romanen die mittlere bürgerliche Welt absurd und verstellt erscheint, [...] so ist in Mahagonny die bürgerliche Welt enthüllt als absurd, gemessen an einer sozialistischen, die sich verschweigt.« (Ebd., S. 131) Auch der in der Gerichtsszene sein Recht einfordernde Jim erinnere »an die Grundsituation der Figuren Kafkas, die auch gegen einen anonymen Staatsapparat anrennen« (Wagner 1977a, S. 189). Brecht benutzt diese groteske Gerichtsszene, in der Kriminelle als Richter auftreten, zur Entschleierung gesellschaftlicher Verhältnisse, man denke nur an die Austauschbarkeit von Bürgern und Kriminellen in der *Dreigroschenoper* (vgl. Brecht 2004, S. 150).

J. Knopf — Jan Knopf betont das Irreale des Librettos, den Kunstcharakter der »Gegengründung« Mahagonny: Irreal ist z. B., dass Witwe Begbick die Holzfäller samt ihren Gewohnheiten bei ihrer Ankunft in Mahagonny bereits kennt (s. Knopf 2001, S. 187). Irreal, aber v. a. auch humoristisch, ist die kleine Theaterwolke, die erschrocken-eilig von der Bühne »abgeht«, als Jim sich über Mahagonny abfällig äußert (s. ebd.). Ebenso werden geografische Namen wie Georgia, Alaska und Alabama in der Oper fiktiv benutzt, um dem Kunsthaften zusätzlichen Nachdruck zu verleihen (s. ebd.). Zudem weisen drei Spiele innerhalb der Oper auf Künstliches hin: der Boxkampf, die Schiffsreise auf dem Billardtisch nach Alaska und das Spiel von Gott in Mahagonny (s. ebd.). Dieser »durchgängige Antinaturalismus charakterisiert das Mahagonny der gesamten Oper als eine Scheinwelt mit eigenen Gesetzen« (ebd.). Auch auf die Merkwürdigkeit, dass die als Paradies gepriesene Stadt den vorgestellten arkadischen Schauwert einer naturbelassenen Idylle konterkariere, weist Knopf hin (ebd., S. 188). Doch wenn er betont, dass sich »der Text völlig unbekümmert darum zeigt, wie in einer öden Gegend in kürzester Zeit eine ›Millionenstadt‹ (GBA 2, S. 338) aufgebaut werden kann« (ebd., S. 187), irrt er, denn die von ihm zitierte Szene 3 spielt nicht in Mahagonny, sondern in einer nicht näher bezeichneten Metropole, in der Mahagonnys Stadtgründer für ihr Projekt werben.

E. Nyström — Der schwedische Germanist Esbjörn Nyström veröffentlichte 2005 sein Buch *Libretto im Progress*, das sich mit der Textgeschichte der Oper detailliert befasst. Dazu wertete er die in amerikanischen, deutschen und österreichischen Archiven sowie in Privatbesitz lagernden Materialien aus und untersuchte sie auf ihre Beziehung zueinander. Somit konnte er die bisher umfassendste Beschreibung aller heute verfügbaren Textträger zusammenstellen sowie neue Ordnungs- und Systematisierungszusammenhänge erschließen. Nyström kritisiert, dass sich die Brecht-Forschung zu sehr auf den nur unvollständigen *Mahagonny*-Bestand des BBA konzentriert habe und daraus folgere, dass viele Materialien verschollen seien:

»Doch unter anderem wegen der geteilten Autorschaft ist heute eine große Materialfülle, die bislang weitgehend unbeachtet oder fast unbeachtet blieb, größtenteils an anderen Orten als dem Brecht-Archiv vorhanden. Sämtliche Partiturautographen zu Werken Weills wurden dem Kontrakt zwischen Weill und der Universal-Edition zufolge Eigentum des Verlags, und nicht nur das Partiturautograph, sondern auch weitere wichtige Textträger waren von früh an im Besitz des Verlags. Seit einigen Jahren ist dieses Material in zwei amerikanischen Archiven deponiert.« (Nyström, S. 16 f.)

Weiterhin liefert der Autor neue quellenkritische Erkenntnisse, indem er zwischen der Refrainzeile des »Benares Songs« (»Let's go to Benares«) und Rudyard Kiplings damals vielbeachtetem Roman *Kim* (1901, dt. 1908), den Brecht vor 1923 gelesen haben soll, eine Verbindung herstellt. Im Roman steht der Satz: »Let us go to Benares«, dem nach zwei weiteren Sätzen folgt: »But there is no place to sleep« (ebd., S. 449). Hier weist Nyström einen der Forschung bisher unbekannten intertextuellen Bezug nach.

Das »Spiel von Gott in Mahagonny«, das in der Oper als Sinnbild der Hölle auf Erden fungiert, bringt Nyström (sich auf Michael Morley beziehend) in Verbindung mit Oscar Wildes Prosagedicht *The House of Judgment* (1893), wo ein Mann dem mit der Hölle drohenden Gott entgegnet, dass dies ihn nicht berühre, da er sich schon jetzt, zu Lebzeiten, in der Hölle befinde (s. ebd., S. 475 f.).

Doch nicht nur auf Brecht richtet sich Nyströms Forschung, denn er diskutiert auch die kollektiven Arbeitsanteile bei den Librettofassungen: »Obwohl z. B. David Drew Weill als Mitautor des Librettos anführt, ist nicht näher untersucht worden, welche Teile der Arbeit am sprachlichen Text von wem ausgeführt worden sind und wie diese literarische Kooperation sich im Einzelnen gestaltet hat.« (Ebd., S. 19) Nyström betont, dass eine Reihe von Handschriften und Typoskripten entweder gänzlich von Weill stammt oder Korrekturen wie Ergänzungen enthält, so dass Brecht *und* Weill »gleichberechtigt als Autoren des Librettos« (ebd., S. 155) zu gelten haben.

Literaturhinweise

Die Verweise auf Brechts Texte beziehen sich auf die Ausgabe:
Bertolt Brecht: *Werke. Große kommentierte Berliner und Frankfurter Ausgabe*, hg. v. Werner Hecht, Jan Knopf, Werner Mittenzwei u. Klaus-Detlef Müller, Berlin u. Weimar/Frankfurt/M. 1988 ff. [zit. als GBA mit Band u. Seitenzahl].

A. Textausgaben (Auswahl)

Aufstieg und Fall der Stadt Mahagonny. Oper in drei Akten. Text von Brecht. Musik von Kurt Weill. 1. Auflage. U.E. Nr. 9852. Wien/Leipzig: Universal-Edition 1929, [Druckereinummer 1554 29]

Aufstieg und Fall der Stadt Mahagonny. Oper in drei Akten von Brecht. Musik von Kurt Weill. [2. Auflage.] U.E. Nr. 9852. Wien/Leipzig: Universal-Edition 1929 [recte: 1930], [Druckereinummer 322 30]

Aufstieg und Fall der Stadt Mahagonny. Oper in drei Akten von Brecht. Musik von Kurt Weill. [3. Auflage.] U.E. Nr. 9852. Wien/Leipzig: Universal-Edition 1929 [recte: 1930], [Druckereinummer 1075 30]

Aufstieg und Fall der Stadt Mahagonny, in: Brecht: Versuche 4–7. H. 2. Berlin: Kiepenheuer 1930

Aufstieg und Fall der Stadt Mahagonny, in: Brecht, Bertolt: Stücke für das Theater am Schiffbauerdamm (1927–1933), Bd. 1, Berlin/Frankfurt/M., Suhrkamp 1955

Aufstieg und Fall der Stadt Mahagonny, in: Brecht, Bertolt: Stücke. Bd. III, Berlin [DDR], Aufbau 1955

Aufstieg und Fall der Stadt Mahagonny. Oper. Berlin und Frankfurt/M. 1963 (edition suhrkamp 21)

Aufstieg und Fall der Stadt Mahagonny, in: Brecht, Bertolt: Gesammelte Werke in 20 Bänden, Bd. 2, Frankfurt/M. 1967, S. 499–564 (Werkausgabe edition suhrkamp)

Aufstieg und Fall der Stadt Mahagonny, in: Brecht: Versuche 1–12. H. 1–4. Frankfurt/M., Suhrkamp 1977 (Reprint), S. 44–100

Aufstieg und Fall der Stadt Mahagonny, in: GBA 2, S. 333–392

Mahagonny. Oper in drei Akten von Kurt Weill. Text von Bert Brecht [Urtext], in: GBA/Registerband, S. 683–735

Rise and Fall of the City of Mahagonny. Translated by Steve Giles; edited and introduced by Steve Giles, London 2007

B. Notenausgaben (Auswahl)

Weill, Kurt: *Aufstieg und Fall der Stadt Mahagonny. Oper in drei Akten.* Text von Brecht. Klavierauszug von Norbert Gingold. Wien/Leipzig: Universal-Edition 1929 (UE 9851)

Weill, Kurt: *Aufstieg und Fall der Stadt Mahagonny. Oper in drei Akten.* Text von Brecht. Partitur. Wien/Leipzig: Universal-Edition 1930 (UE 9854)

Weill, Kurt: *Aufstieg und Fall der Stadt Mahagonny. Oper in drei Akten.* Text von Brecht. Klavierauszug von Norbert Gingold. Nach den Autographen und hinterlassenen Korrekturen des Komponisten sowie anderen Quellen revidiert von David Drew (1969). Wien: Universal Edition 1969 (UE 9851)

C. Materialien (Auswahl)

Bertolt-Brecht-Archiv: *Bestandsverzeichnis des literarischen Nachlasses,* 4 Bde., bearbeitet v. Herta Ramthun, Berlin u. Weimar 1969 ff. [zit. als BBA]

Brecht, Bertolt: *Zur Soziologie der Oper. Anmerkungen zu »Mahagonny«. In: Musik und Gesellschaft 1930/31. Arbeitsblätter für soziale Musikpflege und Musikpolitik.* 1 (1930/31), Hg.: Fritz Jöde, Hans Boettcher. Reprint: Westberlin 1978, S. 105–112

Brecht, Walter: *Unser Leben in Augsburg, damals.* Frankfurt/M. 1985

Bronnen, Arnolt: *Tage mit Bertolt Brecht. Geschichte einer unvollendeten Freundschaft,* Frankfurt/M. 1990

Drew, David (Hg.): *Kurt Weill. Ausgewählte Schriften,* Frankfurt/M. 1975

Drew, David (Hg.): *Über Kurt Weill,* Frankfurt/M. 1975

Drew, David: *Kurt Weill: A Handbook,* Berkeley/Los Angeles 1987

Enzensberger, Hans Magnus: »Epitaph für Jimmy Mahoney«. In: ders.: *Album.* Berlin 2011 [ohne Seitenzahlen]

Farneth, David: *Kurt Weill. Ein Leben in Bildern und Dokumenten,* Berlin 2000

Grosch, Nils (Hg.): *Kurt Weill. Briefwechsel mit der Universal Edition,* Stuttgart u. Weimar 2002

Hecht, Werner: *Brecht Chronik 1898–1956,* Frankfurt/M. 1997

Hennenberg, Fritz (Hg.): *Das große Brecht-Liederbuch,* Berlin u. Frankfurt/M. 1984 (Taschenbuchausgabe als: *Brecht-Liederbuch,* Frankfurt/M. 1985)

Hennenberg, Fritz und Knopf, Jan: *Brecht/Weill »Mahagonny«.* Frankfurt/M. 2006

Hinton, Stephen und Schebera, Jürgen (Hg.): *Kurt Weill. Musik und musikalisches Theater. Gesammelte Schriften.* Erweiterte und revidierte Neuausgabe. Mainz 2000

Kölbel, Martin und Villwock, Peter (Hg.): *Bertolt Brecht. Notizbücher 24–25 (1927–1930).* Bd. 7. Berlin 2010

Lucchesi, Joachim und Shull, Ronald K.: *Musik bei Brecht*. Frankfurt/M.
1988.
Nyström, Esbjörn: *Libretto im Progress. Brechts und Weills ›Aufstieg und
Fall der Stadt Mahagonny‹ aus textgeschichtlicher Sicht*, Bern 2005

D. Interpretationen und Forschungsliteratur (Auswahl)

Ackermann, Gregor und Heißerer, Dirk: »Kleine Hinweise (II). 1. Brecht
über den Mahagonny-Kompromiss«. In: *Dreigroschenheft* 1 (2011),
S. 56 f.
Adorno, Theodor W.: »Mahagonny«. In: ders.: *Moments musicaux*,
Frankfurt/M. 1964, S. 131–140
–: »Mahagonny«. In: ders.: *Gesammelte Schriften*. Bd. 17. Musikalische
Schriften IV, Frankfurt/M. 1982, S. 114–122
–: »Mahagonny«. In: ders.: *Gesammelte Schriften*. Bd. 19. Musikalische
Schriften VI, Frankfurt/M. 1984, S. 276 f.
Aufricht, Ernst Josef: *Erzähle, damit du dein Recht erweist. Aufzeich-
nungen eines Berliner Theaterdirektors*, München 1969
Bloch, Ernst: *Das Prinzip Hoffnung*. Frankfurt/M. 1959
–: *Experimentum Mundi*. Bd. 15, Frankfurt/M. 1985. In: Ernst Bloch:
Gesamtausgabe in 16 Bänden, Frankfurt/M. 1985
Brecht, Bertolt: *Der Kinnhaken und andere Box- und Sportgeschichten*.
Hg. Günter Berg, Frankfurt/M. 1995
–: *Die Dreigroschenoper. Der Erstdruck 1928*. Mit einem Kommentar
von Joachim Lucchesi. Frankfurt/M. 2004 (Suhrkamp BasisBiblio-
thek 48)
Brockmann, Stephen (Hg.): *mahagonny.com. The Brecht-Yearbook* 29.
The International Brecht Society, Pittsburgh 2004
Bunge, Hans (Hg.): *Hanns Eisler. Gespräche mit Hans Bunge*, Leipzig
1975
Calico, Joy Haslam: *Brecht at the Opera*, Berkeley/Los Angeles 2008
Curjel, Hans: »Erinnerungen um Kurt Weill«. In: *Melos* 37 (1970), S. 81–
85.
–: *Kurt Weill*. II. »Die großen Berliner Jahre«. In: *Neue Zeitschrift für
Musik* 133 (1972), S. 503–507
Drew, David: »The History of Mahagonny«. In: *The Musical Times* 104
(1963), S. 18–24
–: »Struggling for Supremacy: The Libretto of *Mahagonny*«. In: *Kurt
Weill Newsletter* (New York) 27 (2009), Nr. 2, S. 6–9
Dümling, Albrecht: *Laßt euch nicht verführen. Brecht und die Musik*,
München 1985
Engelhardt, Jürgen: *Gestus und Verfremdung*. Studien zum Musiktheater
bei Strawinsky und Brecht/Weill, München/Salzburg 1984
Geuen, Heinz: *Von der Zeitoper zur Broadway Opera: Kurt Weill und die
Idee des musikalischen Theaters*. Schliengen 1997
Gilbert, Michael John T.: *Bertolt Brecht's striving for reason, even in
music. A Critical Assessment*, New York 1988

Hauff, Andreas: »Mahagonny … Only a Made Up-Word?« In: *Kurt Weill Newsletter* (New York) 9 (1991), Nr. 1, S. 7–9

–: *Caspar Neher und Kurt Weill – Ihre Zusammenarbeit und Freundschaft.* In: *Caspar Neher – Der größte Bühnenbauer unserer Zeit.* Hg. v. Christine Tretow und Helmut Gier, Wiesbaden 1997, S. 90–124

–: »›Aufstieg und Fall der Stadt Mahagonny‹ als Zeitstück. Historische Anmerkungen zu einer unterschätzten Repertoireoper«. In: *Musikkonzepte – Konzepte der Musikwissenschaft. Bericht über den Internationalen Kongress der Gesellschaft für Musikforschung Halle/Saale 1998*, Kassel 2000, S. 661–668

–: »Mehr als ›ein erfundener Ort‹. Die Opernstadt Mahagonny. Musik zwischen Neuer Sachlichkeit und Börsenkrach«. In: *Die Welt spielt Roulette. Zur Kultur der Moderne in der Krise 1927–1932* (Edition Bauhaus, Bd. 9), hg. v. Werner Möller und Elke Mittmann, Frankfurt/New York, 2002, S. 84–95

Heinzelmann, Josef: »Zeittafel zu ›Aufstieg und Fall der Stadt Mahagonny‹«. In: *Begleitheft zur CD der Oper 1988* (Capriccio 10 160/61)

Hennenberg, Fritz: *Neue Funktionsweisen der Musik und des Musiktheaters in den zwanziger Jahren.* Studien über die Zusammenarbeit Bertolt Brechts mit Franz S. Bruinier und Kurt Weill. Habilitationsschrift Martin-Luther-Universität Halle-Wittenberg 1987

–: »›Aufstieg und Fall der Stadt Mahagonny‹ 1930. Die Uraufführung der Oper von Brecht/Weill im Spiegel der Leipziger Presse«. In: *Musik und Gesellschaft* 15 (1988), H. 2, S. 78–81

Herrmann, Hans-Christian von: »Wo Mahagonny liegt. Bertolt Brecht ein Dichter unter Bedingungen von Unterhaltungsmedien«. In: *Dreigroschenheft* 2 (1995), S. 24–30

Herz, Joachim: »›Aber jetzt bezahlen‹ – ›Mahagonny‹«. In: Walter Felsenstein/Joachim Herz: *Musiktheater*, Leipzig 1976, S. 349–351

–: »Fragen und Antworten zu ›Mahagonny‹«. In: Programmheft zur Inszenierung von »Aufstieg und Fall der Stadt Mahagonny« 1977 an der Komischen Oper Berlin

Herz, Joachim/Zimmermann, Reinhart: »Aus Notaten zur Inszenierung ›Aufstieg und Fall der Stadt Mahagonny‹«. In: Die Komische Oper Berlin in drei Jahrzehnten. Fotos, Entwürfe, Notate, Dokumente. Hg. von der Komischen Oper Berlin. Berlin o.J., S. 37–43

Hillesheim, Jürgen: »Ein unbekannter Lehrer Brechts: Der spätere NS-Aktivist und -Theoretiker Otto Dickel«. In: *Dreigroschenheft* 4 (2010), S. 5–13

Hinton, Stephen: »The Concept of Epic Opera. Theoretical Anomalies in the Brecht-Weill Partnership«. In: *Festschrift für Carl Dalhaus.* Laaber 1988

Hosokawa, Shuhei: »Distance, Gestus, Quotation. Aufstieg und Fall der Stadt Mahagonny of Brecht and Weill«. In: *International Review of the Aesthetics and Sociology of Music* 16 (1985), Nr. 2, S. 181–199

Kahnt, Hartmut: »Die Opernversuche Weills und Brechts mit ›Mahagonny‹«. In: *Musiktheater heute.* Hg. von Helmut Kühn. Mainz 1982, S. 63–93

Knobloch, Hans-Jörg: »Die Mahagonny-Oper, nicht nur beim Wort genommen…« In: Bartl, Andrea und Magen, Antonie (Hg.): *Auf den Schultern des Anderen. Festschrift für Helmut Koopmann zum 75. Geburtstag*, Paderborn 2008, S. 145–159

Knopf, Jan (Hg.): *Bertolt Brechts »Terzinen über die Liebe«*, Frankfurt/M. 1998

Knopf, Jan: »Aufstieg und Fall der Stadt Mahagonny«. In: ders. (Hg.): *Brecht Handbuch*. Bd. 1. Stücke. Stuttgart/Weimar 2001, S. 178–197

Koch, Gerd; Vaßen, Florian; Zeilinger, Doris (Hg.): *»Können uns und euch und niemand helfen. Die Mahagonnysierung der Welt«*, Frankfurt/M. 2006

Kortländer, Bernd/Meiszies, Winrich/Farneth, David (Hg.): *Vom Kurfürstendamm zum Broadway. Kurt Weill (1900–1950)*, Düsseldorf 1990

Kowalke, Kim H.: *Kurt Weill in Europe*, Ann Arbor 1979

–: »The Motto of Mahagonny: ›Du darfst!‹«. In: *Kurt Weill Newsletter* 2 (1984), Nr. 1, S. 2, 4–6

Kowalke, Kim H. (Hg.): *A New Orpheus. Essays on Kurt Weill*, New Haven/London 1986

Kowalke, Kim H. und Edler, Horst (Hg.): *A Stranger Here Myself. Kurt Weill-Studien*, Hildesheim/Zürich/New York 1993

Kowalke, Kim H. [im Gespräch mit Norman Ryan]: »Auf nach Mahagonny« – Ein Gespräch über Weill, Brecht und ihre gemeinsame Oper. In: *UE Musikblätter 3*, Wien 2012, S. 36–41

Krabiel, Klaus-Dieter: *Brechts Lehrstücke. Entstehung und Entwicklung eines Spieltyps*, Stuttgart 1993

Kraus, Karl: Vorworte [u. a. zu Weills/Brechts Mahagonny]. In: *Die Fackel*. 33 (1932), Nr. 868–872, S. 36 f.

Lee, Joanna et al. (Hg.): *Mahagonny: A Sourcebook*. New York 1995

Lenya, Lotte: »Erinnerungen an Mahagonny (1957)«. In: Programmheft zur Inszenierung von »Aufstieg und Fall der Stadt Mahagonny« 1964 an der Deutschen Staatsoper Berlin. Original (amerikanisch) in der Textbeilage zur Schallplatten-Gesamtaufnahme der Oper bei Philips/Columbia

Müller, Klaus-Detlef (Hg.): *Bertolt Brecht. Epoche – Werk – Wirkung*, München 1985

Münster, Arno (Hg.): *Tagträume vom aufrechten Gang. Sechs Interviews mit Ernst Bloch*. Frankfurt/M. 1977

Münsterer, Hanns Otto: »Erinnerungen an Brecht im Jahr 1919 in Augsburg«. In: Witt, Hubert (Hg.): *Erinnerungen an Brecht*, Leipzig 1964

–: *Bert Brecht. Erinnerungen aus den Jahren 1917–1922*. Berlin/Weimar 1977

Porter, Andrew: »Notes on Rise and Fall of the City of Mahagonny«. In: Programmheft zur Inszenierung von »Aufstieg und Fall der Stadt Mahagonny« 1979 am Metropolitan Opera House New York

Rienäcker, Gerd: »Thesen zur Opernästhetik Kurt Weills«. In: *Jahrbuch Peters*, Leipzig 1980, S. 116–134

Ritter, Hans Martin: »Die Lieder der Hauspostille – Untersuchungen zu Brechts eigenen Kompositionen und ihrer Aufführungspraxis«. In: *Bertolt Brechts »Hauspostille«. Text und kollektives Lesen.* Hg. von Hans-Thies Lehmann und Helmut Lethen, Stuttgart 1978, S. 204–230

Schebera, Jürgen: »Kurt Weill's Early Recordings 1928–1933«. In: *Kurt Weill Newsletter* 4 (1986), Nr. 1, S. 6–9

–: *Kurt Weill.* Eine Biographie in Texten, Bildern und Dokumenten, Leipzig/Mainz 1990 [zit. als: Schebera 1990a]

–: *Gustav Brecher und die Leipziger Oper 1923 bis 1933,* Leipzig 1990

Schumacher, Ernst: *Die dramatischen Versuche Bertolt Brechts 1918–1933,* Berlin 1955

Sehm, Gunter G.: »Moses, Christus und Paul Ackermann. Brechts ›Aufstieg und Fall der Stadt Mahagonny‹«. In: *Brecht-Jahrbuch,* Frankfurt/M. 1976, S. 83–100

Seliger, Helfried W.: *Das Amerikabild Bertolt Brechts,* Bonn 1974

Speirs, Ronald: »›Verwischte Spuren‹, or Brecht edited«. In: *Modern Language Review* 84 (1989), S. 652–657

Stegmann, Sonja Vera: *Das epische Musiktheater bei Strawinsky und Weill,* New York 1991

Symonette, Lys und Kowalke, Kim H. (Hg.): *Sprich leise, wenn Du Liebe sagst. Der Briefwechsel Kurt Weill/Lotte Lenya,* Köln 1998

Thole, Bernward: *Die »Gesänge« in den Stücken Bertolt Brechts. Zur Geschichte und Ästhetik des Liedes im Drama,* Göppingen 1973

Trexler, Roswitha (unter Mitarbeit von Fritz Hennenberg): »Was der Sänger von Brecht lernen kann oder meine Auffassung von Weill«. In: *Brecht-Jahrbuch,* Frankfurt/M. 1979, S. 30–45

Völker, Klaus: *Bertolt Brecht. Eine Biographie,* München 1978

Voigts, Manfred: *Brechts Theaterkonzeptionen. Entstehung und Entwicklung bis 1931,* München 1977

Wagner, Gottfried: *Weill und Brecht. Das musikalische Zeittheater,* München 1977 [zit. als: Wagner 1977a]

–: »Das Arioso der Begbick in der Oper ›Aufstieg und Fall der Stadt Mahagonny‹«. In: Programmheft zur Inszenierung 1977 an der Komischen Oper Berlin

–: »Die musikalische Verfremdung in der Oper ›Aufstieg und Fall der Stadt Mahagonny‹«. In: Die Komische Oper Berlin in drei Jahrzehnten. Fotos, Entwürfe, Notate, Dokumente. Hg. von der Komischen Oper Berlin. Berlin o.J., S. 33–36

Weisstein, Ulrich: »Cocteau, Stravinsky, Brecht and the Birth of Epic Opera«. In: *Modern Drama.* 5 (1962), S. 142–153

–: »Von reitenden Boten und singenden Holzfällern: Bertolt Brecht und die Oper«. In: *Brechts Dramen. Neue Interpretationen.* Hg. von Walter Hinderer, Stuttgart 1984.

Weissweiler, Eva: *Ausgemerzt! Das Lexikon der Juden in der Musik und seine mörderischen Folgen,* Köln 1999

Wyss, Monika: *Brecht in der Kritik. Rezensionen aller Brecht-Uraufführungen,* München 1977

E. Diskografie (Auswahl aus Gesamtaufnahmen)

Aufstieg und Fall der Stadt Mahagonny. Gesamtaufnahme der Oper. Lotte Lenja, Gisela Litz, Horst Günter, Georg Mund, Fritz Göllnitz, Sigmund Roth, Peter Markwort, Heinz Sauerbaum, Richard Münch (Gesang). Chor und Sinfonieorchester des Nordwestdeutschen Rundfunks, Leitung: Wilhelm Brückner-Rüggeberg. CBS 33 = 77341 (1956)

Aufstieg und Fall der Stadt Mahagonny. Gesamtaufnahme der Oper. Wolfgang Neumann, Anja Silja u. a. (Gesang). Pro Musica Köln, Kölner Rundfunkorchester, Leitung: Jan Latham-König. Capriccio CD 10 160/61 (1988)

F. DVD-Editionen (Auswahl)

Aufstieg und Fall der Stadt Mahagonny. Salzburger Festspiele 1998. Gesamtaufnahme der Oper. Gwyneth Jones, Catherine Malfitano, Jerry Hadley u. a. (Gesang). Radio-Sinfonie-Orchester Wien, Musikalische Leitung: Dennis Russel Davis. Inszenierung: Peter Zadek. Arthaus Video (2001)

Rise and Fall of the City of Mahagonny. Gesamtaufnahme der Oper. Audra McDonald, Anthony Dean Griffey, Donnie Ray Albert u. a. (Gesang). Los Angeles Music Center Opera Orchestra, Musikalische Leitung: James Colon. Inszenierung: John Doyle. Naxos (2007)

Rise and Fall of the City of Mahagonny. Gesamtaufnahme der Oper. Teresa Stratas, Richard Cassilly, Astrid Varnay u. a. (Gesang). Metropolitan Opera Chorus and Orchestra, Musikalische Leitung: James Levine. Inszenierung: John Dexter. In: *James Levine: Celebrating 40 Years at the Met* (21 DVDs, 2011)

Rise and Fall of the City of Mahagonny. Gesamtaufnahme der Oper. Jane Henschel, Donald Kaasch, Willard White, Measha Brueggergosman, Michael König, John Easterlin, Otto Katzameier, Steven Humes u.a. (Gesang). Teatro Madrid Chorus, Madrid Symphony Orchestra, Musikalische Leitung: Pablo Heras-Casado. Inszenierung: La Fura dels Baus [Àlex Ollé, Carlus Padrissa]. Bel Air Me (2011)

Leokadja Begbick: Den Namen übernahm Brecht aus seinem 9.9
Stück *Mann ist Mann* (s. GBA 2, S. 94 ff.).

Prokuristen: Bezeichnung für den Inhaber einer Prokura, also 9.10
einer durch Vollmacht verliehenen Rechtsgrundlage, den Fir-
menleiter bei Geschäften vertreten und Verträge unterzeichnen
zu dürfen.

Kuppelei: Veraltet für: vorsätzliche Vermittlung und Beförde- 9.11
rung der sog. Unzucht (voreheticher Geschlechtsverkehr). Kuppelei wurde seit dem Hochmittelalter bis ins 20. Jh. als Straftat-
bestand verfolgt. Durch die Strafrechtsreformen Ende der
1960er-Jahre wurde die Strafbarkeit in beiden dt. Staaten abgemildert.

betrügerischen Bankrott: Veraltet für: Herbeiführung von Zah- 9.11
lungsunfähigkeit eines Unternehmens mit betrügerischen Mitteln.

Konstabler: (Engl. constable): Dienstrangbezeichnung für ver- 9.32
beamtete Polizisten in Großbritannien. In den USA sind es Amts-
träger in Kommunen, die für die Aufrechterhaltung der öffentlichen Ordnung sorgen. Bei Brecht ist diese Bezeichnung kein
verbindlicher Hinweis auf existierende Staaten.

Sie soll sein wie ein Netz [...] gestellt wird.: Vgl. Hosea 7,12: 10.24–25
»Aber indem sie hin- und herlaufen, will ich mein Netz über sie
werfen und sie herunterholen wie Vögel unter dem Himmel.«

»HAIFISCHE«: Brecht dient dieser Raubfisch als Metapher für 11.29
menschlich-brutales, rücksichtsloses Gewinnstreben. Vgl. die
Geschichten vom Herrn Keuner, darin: »Wenn die Haifische
Menschen wären« (GBA 18, S. 446–448).

Alabama-Song: Das 1925 entstandene Gedicht erschien 1927 12.4
sowohl in Brechts *Hauspostille* (s. GBA 11, S. 104 f.) als auch im
Songspiel *Mahagonny* (s. GBA 2, S. 325 f.). In der 2. Fassung
von *Mann ist Mann* (1938) verwendet er eine dt. Version des
Refrains (s. ebd., S. 202). Vermutlich hat Elisabeth Hauptmann
das in bewusst primitivem Englisch gehaltene Gedicht verfasst;
ein Text von Brechts Hand ist nicht nachweisbar. Im November
1925 wurde der »Alabama Song« von Brechts erstem Kompo-

nisten Franz S. Bruinier (1905–1928) vertont, 1927 von Weill im Songspiel *Mahagonny* und in der Oper *Mahagonny*. Weit verbreitet wurde er durch die Interpretation von Lotte Lenya sowie durch die US-amerikanische Rockband »The Doors« (1967).

13.7 **Gossen**: Bis Ende des 19. Jh.s Bezeichnung für offene Abflussrinnen auf den Straßen, um Abwässer aus den Häusern und der Stadt zu spülen. Anfang des 20. Jh.s wurden die Gossen durch eine unterirdische Kanalisation ersetzt.

13.30 **gelben Häuten**: Anspielung auf die leicht gelbliche Hautfarbe starker Raucher, die durch mangelnde Durchblutung der Kapillaren in der Haut hervorgerufen wird.

13.34 **San Francisco brennt**: Gemeint ist das große, eine verheerende Feuersbrunst auslösende Erdbeben am 18. 4. 1906, das die Stadt weitgehend zerstörte; mehrere Tausend Menschen kamen dabei um.

14.23 **Auf nach Mahagonny!**: Als »Mahagonnygesang Nr. 1« erscheint das im ersten Halbjahr 1924 entstandene Gedicht 1927 in der *Hauspostille* (s. GBA 11, S. 100), in der Oper wird die zweite und dritte Strophe zitiert. Ein in der Oper nicht verwendetes Fragment aus den *Mahagonnygesängen* lautet: »Auf nach Mahagonny / Dort ist ein Land entdeckt / Das ist so voller Wonne / Daß dort ein Mensch verreckt.« (GBA 2, S. 470)

15.16 **Zi-zi-zi-zi-vilis**: Eine Wortmischung aus Zivilisation, civilis (lat. bürgerlich) und Syphilis. Die nachfolgende Verszeile lautet: »Die wird uns dort geheilt«, das heißt: versprochen wird allen zivilisationsmüden Bürgern der Weltmetropolen die Heilung in Mahagonny. Zugleich spielt Zivilis auf die Geschlechtskrankheit Syphilis an. Bereits in *Mann ist Mann* hatte Brecht das Adjektiv »ziphilitisch« als Wortmischung aus civilis und Syphilis verwendet (s. GBA 2, S. 149).

15.27–28 **JIM MAHONEY**: Schon im Stück *Mann ist Mann* verwendet Brecht den Namen Jesse Mahoney (s. GBA 2, S. 94 ff.).

16.18 **Messerspitzeln**: Geschicklichkeitsspiel und Mutprobe von Kindern unter Benutzung eines Messers. In diesem Zusammenhang ist auch die Geschicklichkeit und Schnelligkeit Jims im (bedrohlichen) Umgang mit dem Messer gemeint.

17.4 **Moritatentafeln**: Die von Moritaten- und Bänkelsängern vorgetragenen Schauerballaden wurden durch dazu passende, illustrierende Bilder auf Moritatentafeln dramatisch gesteigert; der Sänger zeigte beim Vortrag mit einem Stock auf sie.

Ach, bedenken Sie: Das Lied wird unter dem Titel »Havanna-Song« gesungen. 17.34

Aber etwas fehlt.: Der Philosoph Ernst Bloch (1885–1977) hat 23.24 sich mehrfach auf diese Feststellung Jims bezogen. So äußerte er in einem Interview: »Wir sehnen uns nach etwas, wir suchen etwas, wir gehen auf etwas zu. Wir gehen in ein großes Warenhaus [...], und da wird alles mögliche angeboten. Wir aber wollen etwas, ohne schon zu wissen, was es sei. Das hat Brecht in *Mahagonny* ausgedrückt mit dem kurzen Satz: Etwas fehlt. Was fehlte, konnte Jimmy nicht sagen; aber etwas fehlt, und das sucht er, das ist es, worauf er aus ist. Dann werden ihm also Cord-Hosen angeboten und Schuhe und Pfeifen und Schränke und Tabak und Zigaretten und Häuser und Eigentumswohnungen. Doch auf all das waren seine Wünsche gar nicht gerichtet. Und er weiß immer noch nicht, was er will, was er kaufen will.« (Münster, S. 165) An anderer Stelle heißt es: »Das Nicht äußert sich, wie bemerkt, als Hunger und was sich tätig anschließt. Als Meinen und Intendieren, als Sehnsucht, Wunsch, Wille, Wachtraum, mit allen Ausmalungen des Etwas, das fehlt.« (Bloch 1959, S. 360) Eine weitere Bezugnahme lautet: »Wir wissen mithin noch nirgends, was wir sind, zuviel ist voll vom Etwas, das fehlt.« (Bloch 1985, S. 11)

meinen Hut auf-ess'n: Im Stummfilm *Goldrausch* (1925) ver- 24.2 speist der einen Goldgräber in Alaska spielende Charles Chaplin seinen Schuh.

Bar von Mandelay: Brecht bezieht sich hier auf Kiplings Ballade 24.16 »Mandelay« (1892). Sie erschien unter dem dt. Titel »Vor den alten Tempeltoren« in: *Balladen aus dem Biwak* (1911). Mandalay ist nach Rangun die zweitgrößte Stadt Myanmars (auch Birma oder Burma).

Sie hören eine Musik an: Weill zitiert an dieser Stelle seiner 25.5 Partitur das Salonstück für Klavier »La Prière d'une viêrge / Das Gebet einer Jungfrau« (1856) der poln. Komponistin Tekla Bą-darzewska (1834–1861), das bereits 1860 mit etwa einer Million verkaufter Exemplare zum Inbegriff der Salonmusik des 19. Jh.s wurde. Die Musik kommentiert Jack mit der im Librettotext nicht vorhandenen Feststellung: »Das ist die ewige Kunst.« (Weill, Klavierauszug 1969, S. 91)

25.6 *weiße Wolke*: Vgl. das von Brecht mehrfach verwendete Wolkensymbol in »Erinnerung an die Marie A.« aus der *Hauspostille* (s. GBA 11, S. 92 f.).

28.3 »EIN TAIFUN!«: Wie auch ›Hurrikan‹ Bezeichnung für einen tropischen Wirbelsturm. Als Modell für die Szenen Nr. 10 bis 12 könnte u. a. ein Taifun gedient haben, der im September 1926 große Gebiete Floridas zerstört hatte. Über diese Naturkatastrophe wurde auch in der dt. Presse detailliert informiert. Ein Bericht der *Vossischen Zeitung* (Berlin) vom 26. 9. 1926 über die Sturmschäden in den Städten Pensacola und Miami findet sich mit Anstreichungen im Arbeitsmaterial Brechts. Damit im Zusammenhang steht auch sein unvollendetes Stückprojekt *Sintflut* bzw. *Untergang der Paradiesstadt Miami* (GBA 10, S. 535–545; vgl. auch GBA 2, S. 470 f.). Weiterhin wird in *Mann ist Mann* der Sergeant Blody Five als »der menschliche Taifun« charakterisiert (GBA 2, S. 105). Die Metapher des zerstörerischen Menschen, der alle Naturkatastrophen übertrifft, übernimmt Brecht in die Oper, z. B. Jims Feststellung: »Wir brauchen keinen Hurrikan, / Wir brauchen keinen Taifun, / Denn was er an Schrecken tuen kann, / [...] / Das können wir selber tun.« (30,7–12)

29.3 **der gegen Hurrikane ficht**: Sinnbild für die Vergeblichkeit und Sinnlosigkeit des Handelns gegen das Unabwendbare, eine Donquichotterie. Vgl. hierzu Don Quijotes Kampf gegen die Windmühlenflügel im zweiteiligen Roman *Don Quijote* (1605; 1615) von Miguel de Cervantes (1547–1616).

30.17 **du hast Tafeln gemacht**: Anspielung auf die zwei Gesetzestafeln aus Stein mit den Zehn Geboten Gottes, die Mose nach seinem Abstieg vom Berg Sinai zerschmetterte (vgl. 2. Mose 32).

31.2–24 **Wenn es etwas gibt [...] Darfst du!**: Dies ist mit geringfügigen Abweichungen und ohne Titelnennung das 1927 entstandene Gedicht »Blasphemie« aus dem Anhang zum *Lesebuch für Städtebewohner* (GBA 11, S. 172).

32.27 **Und untergehen die Gerechten mit den Ungerechten**: Vgl. 1. Mose 18,23: »Willst Du denn den Gerechten mit dem Gottlosen umbringen?«

33.5 **Denn wie man sich bettet, so liegt man**: Jim singt hier in Szene 11 nur den Refrain des Lieds, das Jenny in Szene 16 komplett vorträgt: »Meine Herren, meine Mutter prägte«. Eine Variante ist unter dem Titel »Lied der Jenny« in GBA 13, S. 382–384 abgedruckt. Dieser Text wurde 1928 in einer abweichenden Fassung ohne Titel (»Als ich mein Brautkleid anzog«; GBA 14, S. 7 f.) in die *Dreigroschenoper* eingefügt, wo es Frau Peachum ihrer Tochter Polly als Warnung vor Macheath singen sollte. Doch wurde es vor der Uraufführung gestrichen. Das Manuskript trägt den Hinweis »Aus *Mahagonny*« (vgl. Lucchesi/ Shull, S. 405). Lotte Lenja nahm das Lied nach der Uraufführung der Oper auf Schallplatte auf; es wurde in ihrer Interpretation schnell populär. Vor allem der Refrain »Denn wie man sich bettet, so liegt man« erlangte die Popularität eines geflügelten Worts, das sich vom Librettotext ablöste. Zum Refrain ist eine Notenskizze in Elisabeth Hauptmanns Handschrift erhalten, die auf einen musikalischen Vorschlag Brechts hindeuten könnte (BBA 122/8; vgl. Lucchesi/Shull, S. 423). Dieses Lied ist zusammen mit dem »Alabama Song« die populärste Musik aus der Oper.

Orchester-Ritornells: Gemeint ist hier das den 2. Akt einleitende Orchestervorspiel, zu dem während der Generalpausen die Lautsprecherdurchsagen erfolgen.   34.8

Atsena: Die »*bis auf die Grundmauern*« zerstörte Stadt Atsena ist fiktiv; es existiert dagegen Atsena Otie, eine kleine Insel, die zur Inselkette der Florida Keys vor der Südspitze Floridas gehört.   34.10

Seitlich die beiden Musiker.: Die Ess-Szene wird begleitet durch zwei sichtbar auf der Bühne platzierte Musiker, die Zither und Bandoneon spielen.   35.17

Herr Schmidt!: In der Urfassung (s. GBA Registerband, S. 709) sowie an dieser Stelle des Erstdrucks trägt der »Vielfraß« Jack O'Brien den dt. Familiennamen »Schmidt«. Durch diesen »Fehler«, den die Forschung bisher nicht zur Kenntnis genommen hat, wird deutlich, dass Brecht und Weill nicht erst im Schreiben an die Universal-Edition vom 31. 12. 1929 (s. Grosch, S. 210 f.), sondern schon zwei Jahre früher bei Abschluss der Urfassung im Dezember 1927 an eine Abwandlung der amerik. Rollennamen in dt. dachten.   35.26

Sehet, Schmidt ist gestorben!: Vgl. vorangehenden Kommentar.   36.1

36.30–37.2 **Rasch Jungens, he [...] über dir, Mandelay.**: Refrain des um
1926 entstandenen »Mandelay Songs«, den Brecht für Elisabeth
Hauptmanns Stück *Happy End* (1929) beisteuerte und den Weill
dafür vertonte (vgl. GBA 13, S. 359; 533–535); seine Musik zum
Song ist in beiden Werken unterschiedlich.

37.27–38.19 **Sieh' jene Kraniche [...] ein Halt**: Das Gedicht formte Brecht
für die Oper zu einem Duett zwischen Jenny und Jim um (»Kra-
nich-Duett«).

39.4 *Boxring*: Brecht war mit dem Schwergewichtsboxer Paul Sam-
son-Körner (1887–1942) befreundet und schrieb Texte über den
Sport (vgl. Brecht 1995). Er verwendete den Boxring als Bühnenbild außerdem im Einakter *Die Hochzeit* (1926), im Songspiel *Mahagonny* (1927) und im Lehrstück *Die Maßnahme*
(1930).

40.8 **Von der Wiege bis zum Grabe**: Jim nimmt hier den Tod seines
Freundes Joe voraus, obwohl der Boxkampf noch gar nicht begonnen hat.

41.19 **Haschee**: Warme Gerichte aus gehacktem oder kleingeschnit-
tenem Fleisch, den Ragouts ähnlich. Hier ugs.: jmd. heftig ver-
prügeln.

42.19–26 **Wer in Mahagonny [...] hatten was davon**: Den Text verwendete Brecht, leicht abweichend, bereits innerhalb des »II. Ma-
hagonny-Songs« aus dem Songspiel *Mahagonny* (s. GBA 2,
S. 326 f.).

42.29 **ihre Häute abgezogen**: Soviel wie: jmd. übervorteilen, betrügen. Brecht benutzt diese Metapher schon in seinen frühen Stücken *Baal* und *Trommeln in der Nacht* (1922). Vgl. Micha 3, 2–3:
»Aber ihr hasset das Gute und liebet das Arge; ihr schindet ihnen
die Haut ab und das Fleisch von ihren Knochen und fresset das
Fleisch meines Volks.«

44.2–5 **Der Schnaps [...] nach Alaska ab.**: Aus der ersten Strophe von
Brechts Gedicht »Tahiti« (1925) fast wörtlich übertragen (vgl.
GBA 13, S. 238).

44.19–21 **Stürmisch die Nacht [...] haben die Seekrankheit.**: Fast wörtlich übernommen aus der zweiten Strophe von Brechts Gedicht
»Tahiti« (vgl. GBA 13, S. 238).

44.27 **»Stürmisch die Nacht«**: Beginn des populären Lieds »Des Seemanns Loos« (1897) von Adolf Martell (Musik: Henri Wilhelm

Petri). Brecht zitiert es auch in seinen Stücken *Trommeln in der Nacht, Im Dickicht* (1923) sowie im *Dreigroschenroman* (1934).

Rahen: Spieren bzw. Rundstangen, die quer zur Fahrtrichtung am Mast eines Segelschiffs befestigt sind. Im Erstdruck steht fälschlich: »Rahmen«.   45.4

Meine Herren, meine Mutter prägte: Der Song ist durch Lotte Lenjas Schallplattenaufnahmen bekannt geworden und benutzt als Titel einen Teil des Refrains: »Denn wie man sich bettet«.   46.16

Kober: Sicher ist Koben (oder Kobel) gemeint, für: Verschlag, Stall – also in übertragenem Sinn hier für eine ärmliche Behausung.   47.17

amphitheatralischer Aufbau [...] chirurgischer Kliniken: Brecht hatte sich im Oktober 1917 an der Münchner Universität u. a. für das Fach Medizin eingeschrieben. Die Anatomiehörsäle haben ein steil ansteigendes Halbrund der Sitzplätze für die Studenten, um gute Sicht auf chirurgische Demonstrationen zu ermöglichen.   49.4–5

Zechprellerei: Eine Rechnung für konsumierte Speisen und Getränke aus betrügerischer Absicht nicht bezahlen. Diese juristische Bezeichnung für ein strafbares Delikt ist heute nicht mehr gebräuchlich.   50.24

Generalverhör: Veraltet für: Verhör eines Beschuldigten, das seiner Versetzung in den Anklagestand vorausgeht.   51.28

Und hat verführt [...] Ruhe und Eintracht!: Vgl. Jesaja 1,21: »Wie geht das zu, daß die treue Stadt zur Hure geworden ist? Sie war voll Recht, Gerechtigkeit wohnte darin; nun aber – Mörder.«   52.12–13

BENARES: Die Stadt Benares ist eine am Ganges gelegene Großstadt im Norden Indiens; sie heißt heute Varanasi und ist ein Zentrum des Hinduismus sowie Pilgerort. In *Mahagonny* ist es eine exotische Stadt und hiermit nicht identisch.   54.22

There is no whisky in this town.: Als »Benares-Song« betitelt, entstand der engl. Text 1925 in Zusammenarbeit mit Elisabeth Hauptmann. Eric Bentley verwies darauf, dass sich Text und Musik zum Teil auf das amerik. Trinklied »There is a Tavern in the Town« beziehen sowie ein Melodiesegment der Arie »Un bel di vedremo« aus Giacomo Puccinis Oper *Madama Butterfly*   54.30

(1904) übernommen wird (s. Lucchesi/Shull, S. 337). Eine abweichende Textfassung des »Benares-Songs« wurde 1927 in das Songspiel *Mahagonny* eingefügt und von Weill vertont (vgl. GBA 2, S. 328 f.). Die »Deutsche Fassung des Benares-Song (Nr. 19)« findet sich im Anhang, S. 114 f.

57.4 **weißes Kleid**: Im europ. Mittelalter galt weiße Kleidung als Symbol der Trauer. Heute ist diese Bedeutung verloren gegangen, in asiat. Ländern ist sie noch wirksam.

58.3 **Laß[t] euch nicht verführen**: Das Gedicht bildet das Schlusskapitel von *Bertolt Brechts Hauspostille* (1927) und trägt dort den Titel »Gegen Verführung« (GBA 11, S. 116). Es entstand bereits am 23.9.1918, damals unter dem Titel »Luzifers Abendlied«. Brechts Bruder Walter hat dazu Noten überliefert (Faksimile in: Brecht, Walter, S. 311). Hanns Otto Münsterer erinnert sich, dass »Gegen Verführung« in Brechts Stückprojekt *Sommersinfonie* (um 1919) gesungen werden sollte, nämlich von einer Jim Mahoney ähnelnden Figur (Münsterer 1977, S. 105). Vgl. Jeremia 29,8: »Laßt euch durch die Propheten, die bei euch sind, und durch die Wahrsager nicht betrügen, und hört nicht auf die Träume, die sie träumen!«

59.11 **Meinen guten Weizen**: Bestimmte Whiskysorten werden in den USA u. a. aus Weizen hergestellt.

59.28 **An einem grauen Vormittag**: Der »III. Mahagonny-Song« aus dem Songspiel *Mahagonny* (1927; GBA 2, S. 329–331) wird im Opernlibretto zum »Spiel von Gott in Mahagonny« umgewandelt.

60.12 **Virginien**: Gemeint ist die Virginiazigarre, eine leicht gekrümmte, lange und dünne Zigarre mit Mundstück, die seit dem 19. Jh. mit amerik. Virginia-Tabak v. a. im europ. Alpenraum produziert wird.

62.31–32 ***goldenen Zeitalters***: Begriff aus der antiken griech. Mythologie, in welcher die Urphase der Menschheitsgeschichte als Idealzustand gedeutet wird. V. a. der röm. Dichter Ovid (43 v. Chr. bis wohl 17 n. Chr.) prägte in seinen *Metamorphosen* nachhaltig das Bild vom Goldenen Zeitalter, das bis ins Mittelalter und die Renaissance hineinwirkte. Das Goldene Zeitalter beschreibt einen Idealzustand, der Strafen und Gesetze nicht kennt, da sich alle Menschen zwanglos richtig verhalten.

Bertolt Brecht
in der Suhrkamp BasisBibliothek

Leben des Galilei
Kommentar: Dieter Wöhrle
SBB 1. 191 Seiten

Mutter Courage und ihre Kinder
Kommentar: Wolfgang Jeske
SBB 11. 185 Seiten

Der gute Mensch von Sezuan
Kommentar: Wolfgang Jeske
SBB 25. 224 Seiten

Der kaukasische Kreidekreis
Kommentar: Ana Kugli
SBB 42. 192 Seiten

Geschichten vom Herrn Keuner
Kommentar: Gesine Bey
SBB 46. 217 Seiten

Die Dreigroschenoper
Kommentar: Joachim Lucchesi
SBB 48. 170 Seiten

Herr Puntila und sein Knecht Matti
Kommentar: Anya Feddersen
SBB 50. 187 Seiten

NF 1045/1/10.14

Der Aufstieg des Arturo Ui
Kommentar: Annabelle Köhler
SBB 55. 182 Seiten

Aufstieg und Fall der Stadt Mahagonny
Kommentar: Joachim Lucchesi
SBB 63. 202 Seiten

Kalendergeschichten
Kommentar: Denise Kratzmeier
SBB 131. 196 Seiten

NF 1045/2/10.14

Bertolt Brecht
im Suhrkamp und im Insel Verlag
Eine Auswahl

Über Bertolt Brecht

Bertolt Brecht. Sein Leben in Bildern und Texten. Mit einem Vorwort von Max Frisch. Herausgegeben von Werner Hecht. Gestaltet von Willy Fleckhaus. st 3217. 352 Seiten

Hans Mayer. Erinnerung an Brecht. Englische Broschur und st 2803. 128 Seiten

Werner Hecht. Brecht Chronik 1898–1956. 1320 Seiten. Leinen im Schuber

alles was Brecht ist … Begleitbuch zu den gleichnamigen Sendereihen von 3sat und S2 Kultur. Herausgegeben von Werner Hecht. Mit zahlreichen Abbildungen. 320 Seiten. Broschur

James K. Lyon. Bertolt Brecht in Amerika. Übersetzt von Traute M. Marshall. 527 Seiten. Gebunden

Michael Bienert. Mit Brecht durch Berlin. Ein literarischer Reiseführer. it 2169. 271 Seiten

D. Stephan Bock. Coining Poetry. Brechts ›Guter Mensch von Sezuan‹. Zur dramatischen Dichtung eines neuen Jahrhunderts. es 2057. 516 Seiten

Brecht im Gespräch. Diskussionen, Dialoge, Interviews. Herausgegeben von Werner Hecht. es 771. 211 Seiten

Werkausgaben

Werke. Große kommentierte Berliner und Frankfurter Ausgabe. 30 Bände (33 Teile). Herausgegeben von Werner Hecht, Jan Knopf, Werner Mittenzwei und Klaus-Detlef Müller. 20650 Seiten. Leinen und Leder

Ausgewählte Werke in 6 Bänden. Jubiläumsausgabe zum 100. Geburtstag. st 3732. 4000 Seiten

Stücke

Der aufhaltsame Aufstieg des Arturo Ui. es 144. 134 Seiten

Aufstieg und Fall der Stadt Mahagonny. Oper. es 21. 96 Seiten

Baal. Drei Fassungen. Kritisch ediert und kommentiert von Dieter Schmidt. es 170. 213 Seiten

Die Dreigroschenoper. Nach John Gays ›The Beggar's Opera‹. es 229. 109 Seiten

Frühe Stücke. Baal. Trommeln in der Nacht. Im Dickicht der Städte. st 201. 207 Seiten

Furcht und Elend des Dritten Reiches. Erweiterte Ausgabe. BS 1271. 139 Seiten

Die Gewehre der Frau Carrar. es 219. 55 Seiten

Der gute Mensch von Sezuan. Parabelstück. es 73. 144 Seiten

Die heilige Johanna der Schlachthöfe. es 113. 149 Seiten

Herr Puntila und sein Knecht Matti. Volksstück.
es 105. 133 Seiten

Die Hochzeit und andere Einakter. es 2198. 187 Seiten

Der kaukasische Kreidekreis. es 31. 120 Seiten

Leben des Galilei. Schauspiel. es 1. 161 Seiten

Mann ist Mann. Die Verwandlung des Packers Galy Gay in
den Militärbaracken von Kilkoa im Jahre neunzehnhundert-
fünfundzwanzig. Lustspiel. es 259. 99 Seiten

Die Maßnahme. Zwei Fassungen. Anmerkungen.
es 2058. 108 Seiten

Mutter Courage und ihre Kinder. Eine Chronik aus dem
Dreißigjährigen Krieg. es 49. 126 Seiten

**Der Ozeanflug. Die Horatier und die Kuriatier. Die Maß-
nahme.** es 222. 94 Seiten

Schweyk im zweiten Weltkrieg. es 132. 106 Seiten

Trommeln in der Nacht. Komödie. es 490. 60 Seiten

Der Untergang des Egoisten Johann Fatzer. Bühnenfassung
von Heiner Müller. es 1830. 118 Seiten

Das Verhör des Lukullus. Hörspiel. es 740. 62 Seiten

NF 232/3/5.10